Juri Schigunow

KRIWTSOWS BRIEFE

comicplus+

1. Auflage 2003
© comicplus+
Verlag Sackmann und Hörndl · Hildesheim 2003
Aus dem Französischen von Eckart Sackmann
LES LETTRES DE KRIVTSOV (1995)

Druck: SAF · Tiskarna Koper, Slowenien

ISBN 3-89474-127-9

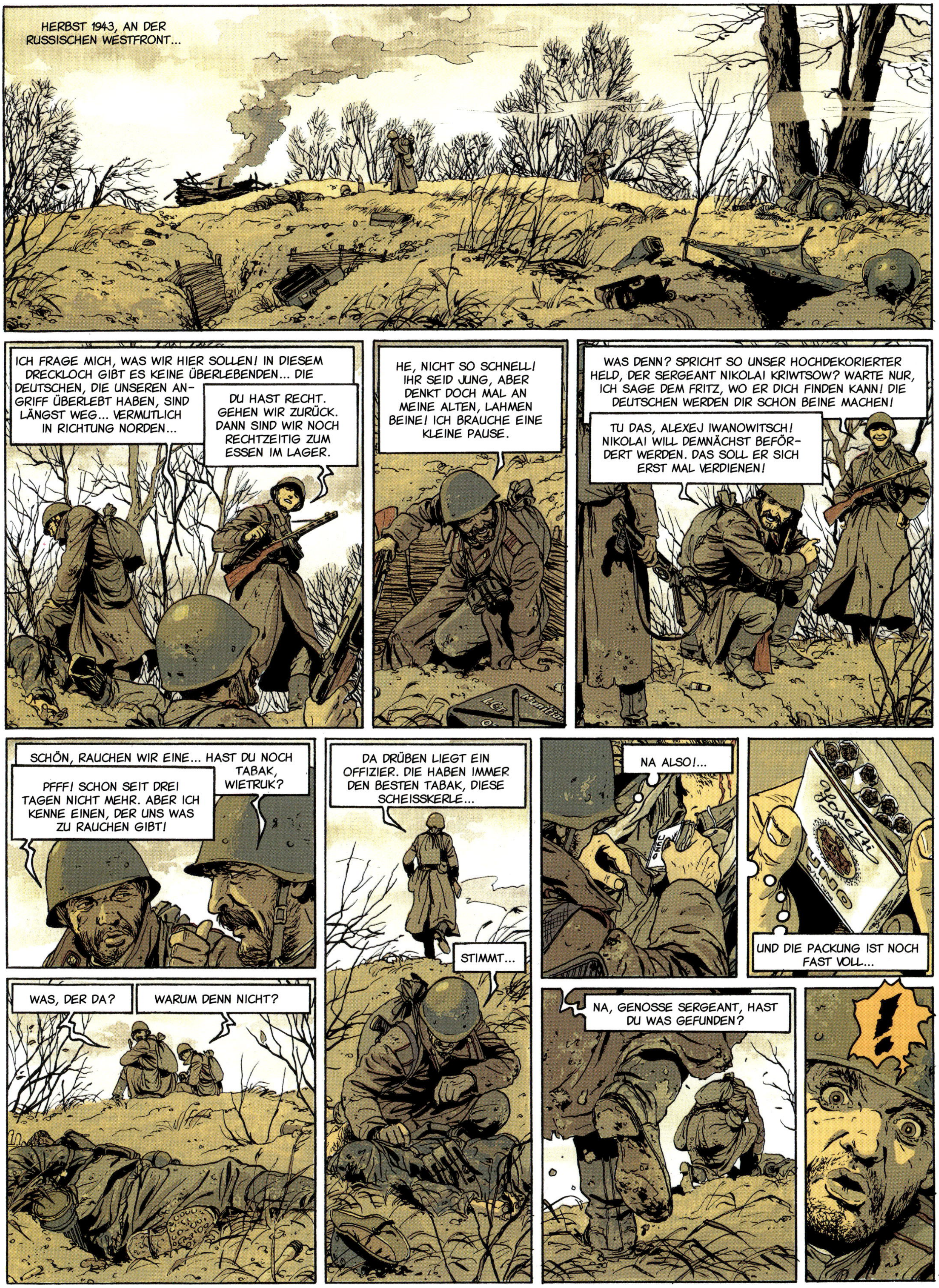
HERBST 1943, AN DER RUSSISCHEN WESTFRONT...
ICH FRAGE MICH, WAS WIR HIER SOLLEN! IN DIESEM DRECKLOCH GIBT ES KEINE ÜBERLEBENDEN... DIE DEUTSCHEN, DIE UNSEREN ANGRIFF ÜBERLEBT HABEN, SIND LÄNGST WEG... VERMUTLICH IN RICHTUNG NORDEN...
DU HAST RECHT. GEHEN WIR ZURÜCK. DANN SIND WIR NOCH RECHTZEITIG ZUM ESSEN IM LAGER.
HE, NICHT SO SCHNELL! IHR SEID JUNG, ABER DENKT DOCH MAL AN MEINE ALTEN, LAHMEN BEINE! ICH BRAUCHE EINE KLEINE PAUSE.
WAS DENN? SPRICHT SO UNSER HOCHDEKORIERTER HELD, DER SERGEANT NIKOLAI KRIWTSOW? WARTE NUR, ICH SAGE DEM FRITZ, WO ER DICH FINDEN KANN! DIE DEUTSCHEN WERDEN DIR SCHON BEINE MACHEN!
TU DAS, ALEXEJ IWANOWITSCH! NIKOLAI WILL DEMNÄCHST BEFÖRDERT WERDEN. DAS SOLL ER SICH ERST MAL VERDIENEN!
SCHÖN, RAUCHEN WIR EINE... HAST DU NOCH TABAK, WIETRUK?
PFFF! SCHON SEIT DREI TAGEN NICHT MEHR. ABER ICH KENNE EINEN, DER UNS WAS ZU RAUCHEN GIBT!
WAS, DER DA?
WARUM DENN NICHT?
DA DRÜBEN LIEGT EIN OFFIZIER. DIE HABEN IMMER DEN BESTEN TABAK, DIESE SCHEISSKERLE...
STIMMT...
NA ALSO!...
UND DIE PACKUNG IST NOCH FAST VOLL...
NA, GENOSSE SERGEANT, HAST DU WAS GEFUNDEN?
!

MOSKAU, RUND FÜNFZIG JAHRE SPÄTER...
SO WAS! MAN KANN NICHT GLEICHZEITIG DAS GESICHT DES GRÜNDERS UNSERER STADT UND DAS RATHAUS SEHEN! DEM EINEN ODER DEM ANDEREN WENDET MAN IMMER DEN RÜCKEN ZU...
WENN MAN DAS GEBÄUDE UND DIE STATUE IM BLICK HABEN WILL, MUSS MAN SICH MIT DEM HINTERTEIL DES PFERDES BEGNÜGEN!
DAS ERINNERT MICH AN UNSERE REGIERUNG! DIE ZEIGT UNS AUCH LIEBER DEN HINTERN, STATT SICH UM DAS ZU KÜMMERN, WAS AUF DEN STRASSEN PASSIERT!
!
FLAP
DAS HÄTTE BÖSE AUSGEHEN KÖNNEN...
KOMMEN SIE!...
DANKE... ENTWEDER MAN VERSINKT IM SCHNEE, ODER MAN RUTSCHT AUF DEM EIS AUS!
WARUM BLEIBEN SIE NICHT EINFACH ZU HAUSE?
WENN ICH DIE UNTERSTÜTZUNG BEKOMMEN WILL, MUSS ICH DOCH RAUS! UND ICH BRAUCHE DAS GELD!
HIER, BITTE... SEIEN SIE VORSICHTIG!
ICH DANKE IHNEN, JUNGER MANN!
AAH... VERDAMMT!
?
2

SIND SIE VERLETZT?
NEIN... DOCH! ABER DAS IST NOCH EIN MITBRINGSEL AUS DEM KRIEG!
WO MÜSSEN SIE HIN?
ZUM BUS NUMMER 3... LASSEN SIE NUR! DAS WERDE ICH SCHON SCHAFFEN!...
ICH NEHME IHNEN DIE TASCHE AB.
WIRKLICH NETT, DASS SIE EXTRA EINEN UMWEG MACHEN, UM MIR...
ABER ICH MACHE GAR KEINEN UMWEG! ICH MUSS AUCH ZUM BUS!
TROTZDEM... DANKE!
ICH SOLLTE IHNEN DANKEN. SIE BRINGEN MIR GLÜCK! NORMALERWEISE MUSS ICH HIER IMMER STUNDENLANG AUF DEN BUS WARTEN, ABER HEUTE... DA KOMMT ER SCHON!...
BIG BOM
SIE HABEN RECHT. UNSER VERKEHRSSYSTEM KÖNNTE BESSER SEIN...
SO VIELES KÖNNTE BESSER SEIN... HIER, SEHEN SIE DIESE KEKSE? MADE IN GERMANY! DA GLAUBTEN WIR DIE DEUTSCHEN IM GROSSEN VATERLÄNDISCHEN KRIEG* BEZWUNGEN ZU HABEN, UND NUN ESSEN WIR IHR BROT!
* IM KOMMUNISMUS ÜBLICHE BEZEICHNUNG DES KRIEGES ZWISCHEN DEUTSCHLAND UND DER SOWJETUNION 1941-1945
OJE! SICHER BESCHWERT ER SICH GLEICH ÜBER DEN PREIS!
UND WIE TEUER ALLES GEWORDEN IST! IST DAS ETWA DIE STRAFE DAFÜR, DASS ICH KOMMUNIST BIN?
RRAAH!
ABER ICH WILL SIE NICHT LANGWEILEN... WIR ALTEN ERLEBEN DIE VERÄNDERUNGEN SEIT DEM ZUSAMMENBRUCH DER SOWJETUNION MIT WEHMUT. BESONDERS DAS AUFTRETEN DIESER NEUREICHEN, DIE SICH ALS DIE RUSSISCHE ZUKUNFT HINSTELLEN UND DIE DOCH ALLESAMT NUR EGOISTEN SIND...
4285
C 25 96 MT
DEN MENSCHEN GEHT EINFACH DER SINN FÜR DAS GEMEINWOHL VERLOREN! EIN BEISPIEL...

3

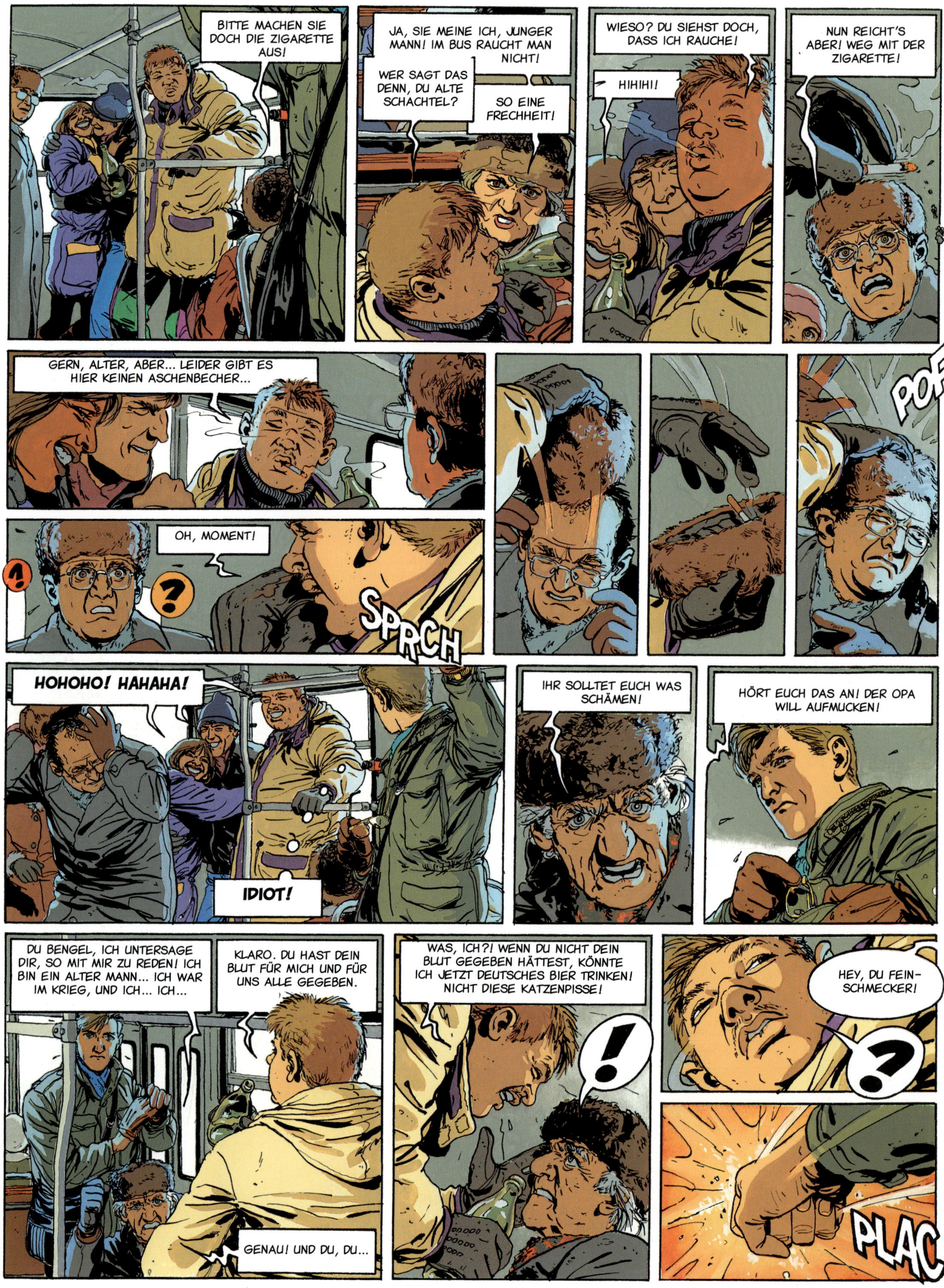

BITTE MACHEN SIE DOCH DIE ZIGARETTE AUS!
JA, SIE MEINE ICH, JUNGER MANN! IM BUS RAUCHT MAN NICHT!
WER SAGT DAS DENN, DU ALTE SCHACHTEL?
SO EINE FRECHHEIT!
WIESO? DU SIEHST DOCH, DASS ICH RAUCHE!
HIHIHI!
NUN REICHT'S ABER! WEG MIT DER ZIGARETTE!
GERN, ALTER, ABER... LEIDER GIBT ES HIER KEINEN ASCHENBECHER...
POF
!
OH, MOMENT!
?
SPRCH
HOHOHO! HAHAHA!
IDIOT!
IHR SOLLTET EUCH WAS SCHÄMEN!
HÖRT EUCH DAS AN! DER OPA WILL AUFMUCKEN!
DU BENGEL, ICH UNTERSAGE DIR, SO MIT MIR ZU REDEN! ICH BIN EIN ALTER MANN... ICH WAR IM KRIEG, UND ICH... ICH...
KLARO. DU HAST DEIN BLUT FÜR MICH UND FÜR UNS ALLE GEGEBEN.
GENAU! UND DU, DU...
WAS, ICH?! WENN DU NICHT DEIN BLUT GEGEBEN HÄTTEST, KÖNNTE ICH JETZT DEUTSCHES BIER TRINKEN! NICHT DIESE KATZENPISSE!
!
HEY, DU FEIN-SCHMECKER!
?
PLAC
4.

SAG NUR, WENN DU NOCH MEHR WILLST!
VERFLUCHT!
FLAP
LAUF MIR BLOSS NIE WIEDER ÜBER DEN WEG!
DU LIEBE GÜTE! ICH HOFFE, SIE SIND NICHT VERLETZT?
ICH GLAUBE, NEIN...
GOTT SEI DANK.
DANKEN SIE LIEBER UNSEREN POLITIKERN! NACHDEM DIE SICH DIE TASCHEN VOLLGESTOPFT HABEN, WAR FÜR DIE SCHNEERÄUMUNG KEIN GELD MEHR ÜBRIG!
OHNE DEN SCHNEEHAUFEN HÄTTE DER LIEBE GOTT MICH AUCH NICHT RETTEN KÖNNEN... ABER SEHEN SIE, DIE BRILLE IST NOCH HEIL! ALSO IST DOCH NOCH EIN WUNDER GESCHEHEN.
ICH STELLE FEST, SIE SIND EIN OPTIMIST!
WAR ICH DENN NICHT ÜBERZEUGEND?
VIELLEICHT HAT ES WIRKLICH ETWAS GEBRACHT, DASS SIE SICH NICHT HABEN EINSCHÜCHTERN LASSEN. VIELLEICHT IST DIESER MENSCH BEIM NÄCHSTEN MAL VORSICHTIGER.
JA, VIELLEICHT... AUF JEDEN FALL HABEN SIE JETZT DEN BUS VERPASST, NACHDEM SIE MEINETWEGEN MIT AUSGESTIEGEN SIND.
ICH GLAUBE, DAS SOLLTE ICH KLARSTELLEN... ICH MUSSTE OHNEHIN HIER AUSSTEIGEN.
LIEBER HIMMEL!

5

ICH HAB'S NICHT GLEICH GESEHEN, ABER... IHRE STIRN BLUTET!
SOLANGE DER KOPF NOCH DRAN IST, KANN'S NICHT SO SCHLIMM SEIN!
DAMIT MACHT MAN KEINE SCHERZE. KOMMEN SIE MIT ZU MIR, ICH VERARZTE SIE. ICH WOHNE GANZ IN DER NÄHE.
ABER ES IST DOCH NUR EINE SCHRAMME...
SIE WERDEN MICH DOCH NICHT HILFLOS HIER STEHEN LASSEN?... MERKWÜRDIG, MIR IST, ALS HÄTTEN WIR ETWAS WICHTIGES VERGESSEN...
ACH WAS, SIE KOMMEN MIT! HABEN SIE SCHON MEIN KAPUTTES BEIN VERGESSEN?
ABER JA! WIR HABEN UNS NICHT VORGESTELLT!
ALEXEJ IWANOWITSCH!
ANGENEHM, ANTON!
BITTE... FÜHLEN SIE SICH WIE ZU HAUSE!
WOLLEN SIE NICHT ABLEGEN?
NEIN, DAS LOHNT SICH NICHT.
HABEN SIE SCHON GEGESSEN? ICH...
NEIN, DANKE! ICH BIN NUR HIER, UM MICH VERARZTEN ZU LASSEN!
SCHÖN... DANN WOLLEN WIR MAL...
DING DÔNG
NANU? WER KANN DAS DENN WOHL SEIN?
ACH, LIDA! ICH DACHTE SCHON, DU HÄTTEST MICH GANZ VERGESSEN!
OHO! ICH GLAUBE, ICH BLEIBE DOCH NOCH EIN WEILCHEN...

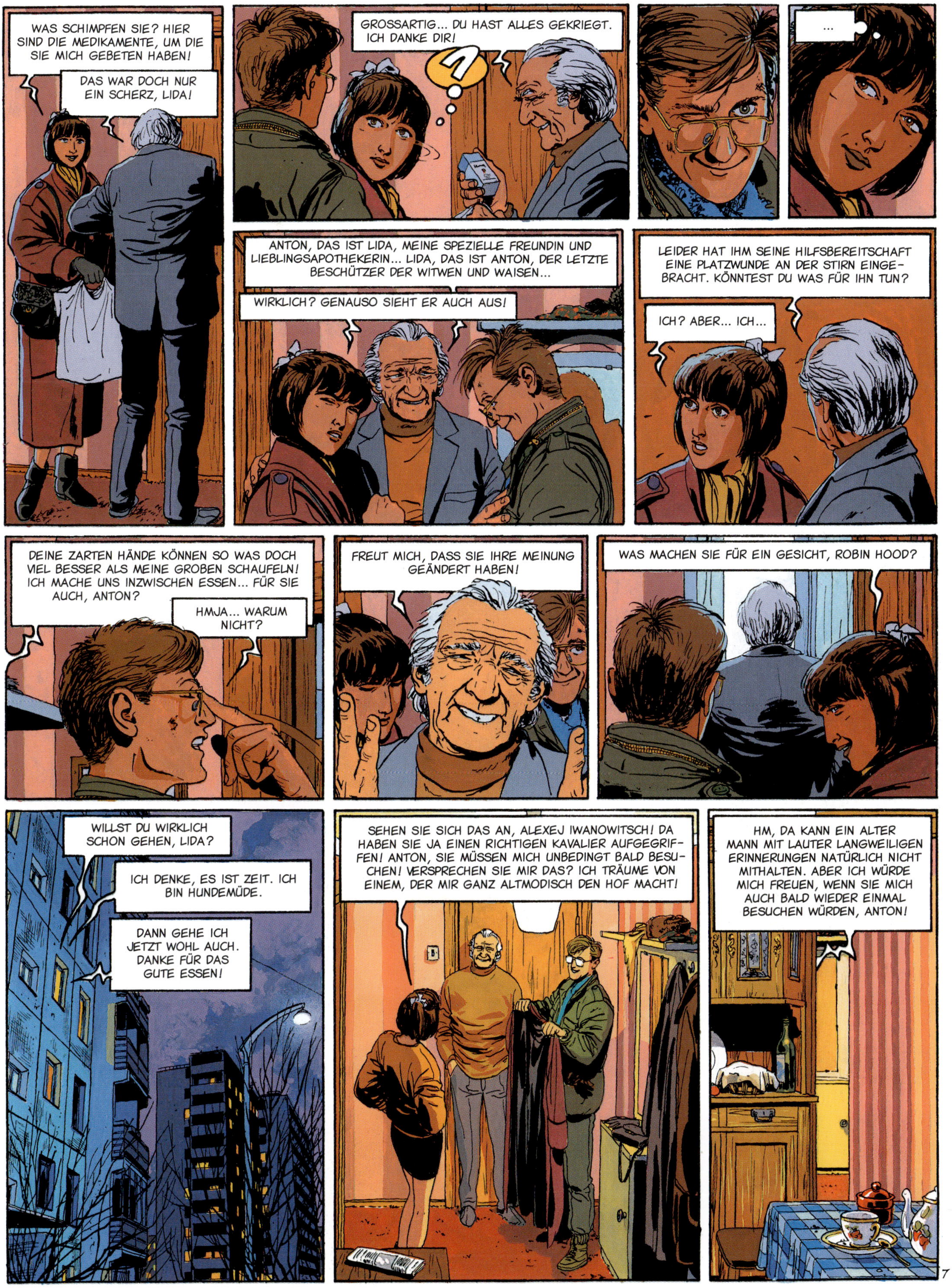

WAS SCHIMPFEN SIE? HIER SIND DIE MEDIKAMENTE, UM DIE SIE MICH GEBETEN HABEN!
DAS WAR DOCH NUR EIN SCHERZ, LIDA!
GROSSARTIG... DU HAST ALLES GEKRIEGT. ICH DANKE DIR!
?
...
ANTON, DAS IST LIDA, MEINE SPEZIELLE FREUNDIN UND LIEBLINGSAPOTHEKERIN... LIDA, DAS IST ANTON, DER LETZTE BESCHÜTZER DER WITWEN UND WAISEN...
WIRKLICH? GENAUSO SIEHT ER AUCH AUS!
LEIDER HAT IHM SEINE HILFSBEREITSCHAFT EINE PLATZWUNDE AN DER STIRN EINGEBRACHT. KÖNNTEST DU WAS FÜR IHN TUN?
ICH? ABER... ICH...
DEINE ZARTEN HÄNDE KÖNNEN SO WAS DOCH VIEL BESSER ALS MEINE GROBEN SCHAUFELN! ICH MACHE UNS INZWISCHEN ESSEN... FÜR SIE AUCH, ANTON?
HMJA... WARUM NICHT?
FREUT MICH, DASS SIE IHRE MEINUNG GEÄNDERT HABEN!
WAS MACHEN SIE FÜR EIN GESICHT, ROBIN HOOD?
WILLST DU WIRKLICH SCHON GEHEN, LIDA?
ICH DENKE, ES IST ZEIT. ICH BIN HUNDEMÜDE.
DANN GEHE ICH JETZT WOHL AUCH. DANKE FÜR DAS GUTE ESSEN!
SEHEN SIE SICH DAS AN, ALEXEJ IWANOWITSCH! DA HABEN SIE JA EINEN RICHTIGEN KAVALIER AUFGEGRIFFEN! ANTON, SIE MÜSSEN MICH UNBEDINGT BALD BESUCHEN! VERSPRECHEN SIE MIR DAS? ICH TRÄUME VON EINEM, DER MIR GANZ ALTMODISCH DEN HOF MACHT!
HM, DA KANN EIN ALTER MANN MIT LAUTER LANGWEILIGEN ERINNERUNGEN NATÜRLICH NICHT MITHALTEN. ABER ICH WÜRDE MICH FREUEN, WENN SIE MICH AUCH BALD WIEDER EINMAL BESUCHEN WÜRDEN, ANTON!
7

ÄH... WAS SIE DA EBEN GESAGT HABEN... DARF ICH IHNEN EIN UNMORALISCHES ANGEBOT MACHEN?
EIN UNMORALISCHES ANGEBOT? NA HÖREN SIE MAL! IST DAS NICHT ETWAS ÜBEREILT?
ÄH, SICHER... ENTSCHULDIGUNG. ABER VIELLEICHT KÖNNTE ICH SIE WENIGSTENS BIS VOR IHRE TÜR BRINGEN?
DA HABEN WIR ES NICHT WEIT! BITTE SEHR, DAS IST MEINE TÜR!
!
ABER...
ABER WAS? JA, ICH BIN ALEXEJ IWANOWITSCHS NACHBARIN!
NUN... WILL MIR DER GENTLEMAN NICHT NOCH EINE GUTE NACHT WÜNSCHEN?
WARTEN SIE NOCH EINEN MOMENT!... ICH... ÄH... WIESO SIND SIE SEINE LIEBLINGS-APOTHEKERIN?
DA HAT ER ETWAS ÜBERTRIEBEN. ICH ARBEITE IN EINER APOTHEKE, ABER NUR ALS GEHILFIN. ALEXEJ IWANOWITSCH HAT PROBLEME MIT DEM HERZEN, UND ICH BESORGE IHM DIE MEDIKAMENTE, DIE ER BRAUCHT.
ÄH... UND WENN ICH NUN INFOLGE MEINER VERLETZUNG NICHT SCHLAFEN KANN.. KÖNNTE ICH SIE DANN AUCH BITTEN, MIR ZU HELFEN?
HABEN SIE KEINE ANGST, EINE SPRITZE VERPASST ZU KRIEGEN?
CLAP
WEDER VOR DER SPRITZE NOCH VOR DIR, MÄDCHEN!
DREI TAGE HABE ICH SIE JETZT NICHT GESEHEN...
HOFFENTLICH IST SIE ZU HAUSE...
BZZZZ
DA HABE ICH WOHL PECH GEHABT... WO MAG SIE JETZT SEIN, UM FÜNF UHR NACHMITTAGS?
8

VIELLEICHT BEI ALEXEJ IWANOWITSCH...
DING DÔNG
ANTON?! KOMM REIN! KOMM SCHNELL!
LIDA, ICH WOLLTE DIR SAGEN, DASS ICH, ÄH...
HE! WAS SOLL DENN DAS!? SPINNST DU?
FREUST DU DICH DENN GAR NICHT, MICH ZU SEHEN?
DAS IST JETZT NEBENSÄCHLICH... ALEXEJ IWANOWITSCH HAT EINEN ANFALL!
IST... IST ES ERNST?
DAS WEISS ICH NICHT.
SOLL ICH VIELLEICHT LIEBER EINEN ARZT RUFEN?
NEIN, NEIN... ES GEHT SCHON WIEDER...
HIER, DAS MÜSSEN SIE TRINKEN!... GEH DOCH MAL ZUR SEITE, ANTON!
UND JETZT SOFORT AB INS BETT!
ICH HATTE SCHON ZWEIMAL EINEN HERZINFARKT... UND DANN JETZT DIESE AUFREGUNG...
WAS FÜR AUFREGUNG?
DAS ERZÄHLE ICH DIR GLEICH... RUHEN SIE SICH AUS! WIR SIND NEBENAN, FALLS SIE WAS BRAUCHEN.
ICH WOLLTE GERADE EINKAUFEN GEHEN. AUF DEM WEG ZUM FAHRSTUHL HÖRE ICH PLÖTZLICH MERKWÜRDIGE GERÄUSCHE AUS ALEXEJ IWANOWITSCHS WOHNUNG...
ICH BIN NÄHER RANGEGANGEN UND HABE GELAUSCHT. DA STRITTEN SICH ZWEI. ÜBER WAS, WAR NICHT ZU HÖREN, EINER VON DEN BEIDEN WAR ALEXEJ IWANOWITSCH...
ICH HABE GEKLINGELT...
UND PLÖTZLICH...

!
ER LIEF WIE DER BLITZ DIE TREPPE RUNTER!
WER WAR DAS?
GUTE FRAGE! ER HAT SICH MIR LEIDER NICHT VORGESTELLT!... VIELLEICHT KENNT ALEXEJ IWANOWITSCH IHN JA. WIR FRAGEN IHN, WENN ER SICH VON SEINEM HERZANFALL WIEDER ETWAS ERHOLT HAT.
KOMISCH...
ENTSCHULDIGUNG, ICH HABE SIE VOM BETT AUS REDEN HÖREN... ES GEHT MIR SCHON BESSER...
KLICK
!
MIR HAT DIESER MANN SEINEN NAMEN AUCH NICHT NENNEN WOLLEN. ER INTERESSIERTE SICH FÜR DIE BRIEFE...
BRIEFE? WAS FÜR BRIEFE?
DIE HIER. MEIN ALTER KRIEGSKAMERAD NIKOLAI KRIWTSOW HAT SIE DAMALS AN SEINE FRAU GESCHRIEBEN.
WIR WAREN IN DERSELBEN EINHEIT. NIKOLAI KRIWTSOW FIEL 1945. ER STARB IN MEINEN ARMEN... WARTEN SIE... HIER, DAS IST ER! ER IST DER IN DER MITTE, ICH BIN GANZ RECHTS...
NACH DEM KRIEG HABE ICH SEINE FRAU BESUCHT. SIE ERZÄHLTE MIR VON DEN BRIEFEN, DIE IHR MANN IHR VON DER FRONT GESCHRIEBEN HAT...
VOR UNGEFÄHR FÜNF JAHREN BESCHLOSS ICH, MEINE ERINNERUNGEN AN DIESE ZEIT ZU PAPIER ZU BRINGEN... ABER DAS WAR ALLES SCHON SO LANGE HER, UND ICH HATTE KAUM UNTERLAGEN...
DA FIELEN MIR KRIWTSOWS BRIEFE EIN! SIE KONNTEN MEINEN GEDANKEN AUF DIE SPRÜNGE HELFEN...
KRIWTSOWS WITWE LEBTE FRÜHER IN LENINGRAD. ICH SCHRIEB AN DIE ALTE ADRESSE UND ERFUHR, DASS SIE SCHON VOR MEHREREN JAHREN GESTORBEN WAR. IHRE TOCHTER HATTE NICHTS DAGEGEN, MIR DIE BRIEFE AUSZULEIHEN, SO LANGE, WIE ICH WOLLTE...
10

DIESE BRIEFE WOLLTE DER MANN HEUTE HABEN. ICH FRAGTE, WESWEGEN, ABER DAS KONNTE ER MIR NICHT SAGEN. ICH HAB SIE IHM VERWEIGERT, UND ER HAT ANGEFANGEN, MIR ZU DROHEN... DANN HAT LIDA GEKLINGELT. ER KRIEGTE ES MIT DER ANGST ZU TUN UND LIEF WEG.
STEHT DENN IN DIESEN BRIEFEN ETWAS, WAS IHM WICHTIG SEIN KÖNNTE?
KEINE AHNUNG... ICH HABE IN IHNEN NIE MEHR ALS EINE PRIVATE KORRESPONDENZ GESEHEN.
DER MANN HAT MIR AUF ANHIEB MISSFALLEN! KOMMT HIER REIN UND TRITT SICH NICHT MAL DIE FÜSSE AB! DU HAST IHN DOCH AUCH GESEHEN, LIDA...
!
NUR FÜR EIN PAAR SEKUNDEN! ICH WÜRDE IHN NICHT WIEDERERKENNEN. SOLLTEN WIR NICHT VIELLEICHT DIE POLIZEI BENACHRICHTIGEN?
DIE POLIZEI!? AUF KEINEN FALL! ICH HÄTTE EBEN KEINEN FREMDEN IN DIE WOHNUNG LASSEN DÜRFEN.
HABEN SIE IHR BUCH DAMALS BEENDET?
JA. ES IST SOGAR GEDRUCKT WORDEN... DIE BRIEFE HABE ICH NUR DESWEGEN NOCH, WEIL KRIWTSOWS TOCHTER GERADE IM AUSLAND IST. ICH WOLLTE SIE IHR SPÄTER ZURÜCKGEBEN.
AH, HIER IST NOCH EIN EXEMPLAR... LIDA MAG SOLCHE GESCHICHTEN GAR NICHT! LESEN SIE GERN KRIEGSERLEBNISSE, ANTON?
BRR! VON WEGEN!
ICH FINDE SO WAS INTERESSANT!
BITTE... ALS ANDENKEN...
DANKE! ICH REVANCHIERE MICH, INDEM ICH IHNEN GLEICH MORGEN EINEN TÜRSPION EINBAUE!
EINIGE TAGE DARAUF...
DER ALTE IST WEG! JETZT IST DIE BAHN FREI!
AH! VERDAMMTES TAUWETTER!
UND EIN PAAR STUNDEN SPÄTER...
WAS DER ALTE WOHL DENKT, WENN ICH UM DIESE ZEIT BEI LIDA AUFKREUZE? HM, BEI IHM BRENNT KEIN LICHT... VIELLEICHT SCHLÄFT ER JA SCHON.
LIDA!... OB ES MIR HEUTE WOHL ENDLICH GELINGT, SIE RUMZUKRIEGEN?

MIST! MEINE GEDANKEN HABEN ALEXEJ IWANOWITSCH GEWECKT! OB DER NOCH VERSTÄNDNIS FÜR FRÜHLINGSGEFÜHLE HAT?
!
FLUFF
VERFLIXT! SCHEISS AUF DEN FRÜHLING!
OH, DER TÜRSPION...
BZZZ
AH, DA BIST DU JA!...
PSSST!
WAS IST DENN JETZT SCHON WIEDER LOS?
SCHNELL, GEH REIN!
ALTE LEUTE BEOBACHTEN GERN IHRE NACHBARN. UND ICH HAB IHM AUCH NOCH EINEN TÜRSPION EINGEBAUT!
ACH, DAS IST ES! KEINE ANGST, ALEXEJ IST HEUTE NACHMITTAG NACH SMOLENSK GEFAHREN. ER HAT EIN TELEGRAMM GEKRIEGT, SEINE SCHWESTER IST KRANK.
BIST DU DIR SICHER?
ABSOLUT!
PFF...
ENDLICH! ICH DACHTE SCHON...
ABER WARUM BRENNT DANN IN SEINER WOHNUNG LICHT?!
?!
WAS ERZÄHLST DU DA? DAS KANN NICHT SEIN!
ICH HAB'S DOCH GESEHEN!
DING DONG DING DONG DING DONG DING DONG DING DONG
ICH DACHTE, DU WOLLTEST UN-ENTDECKT BLEIBEN?
12

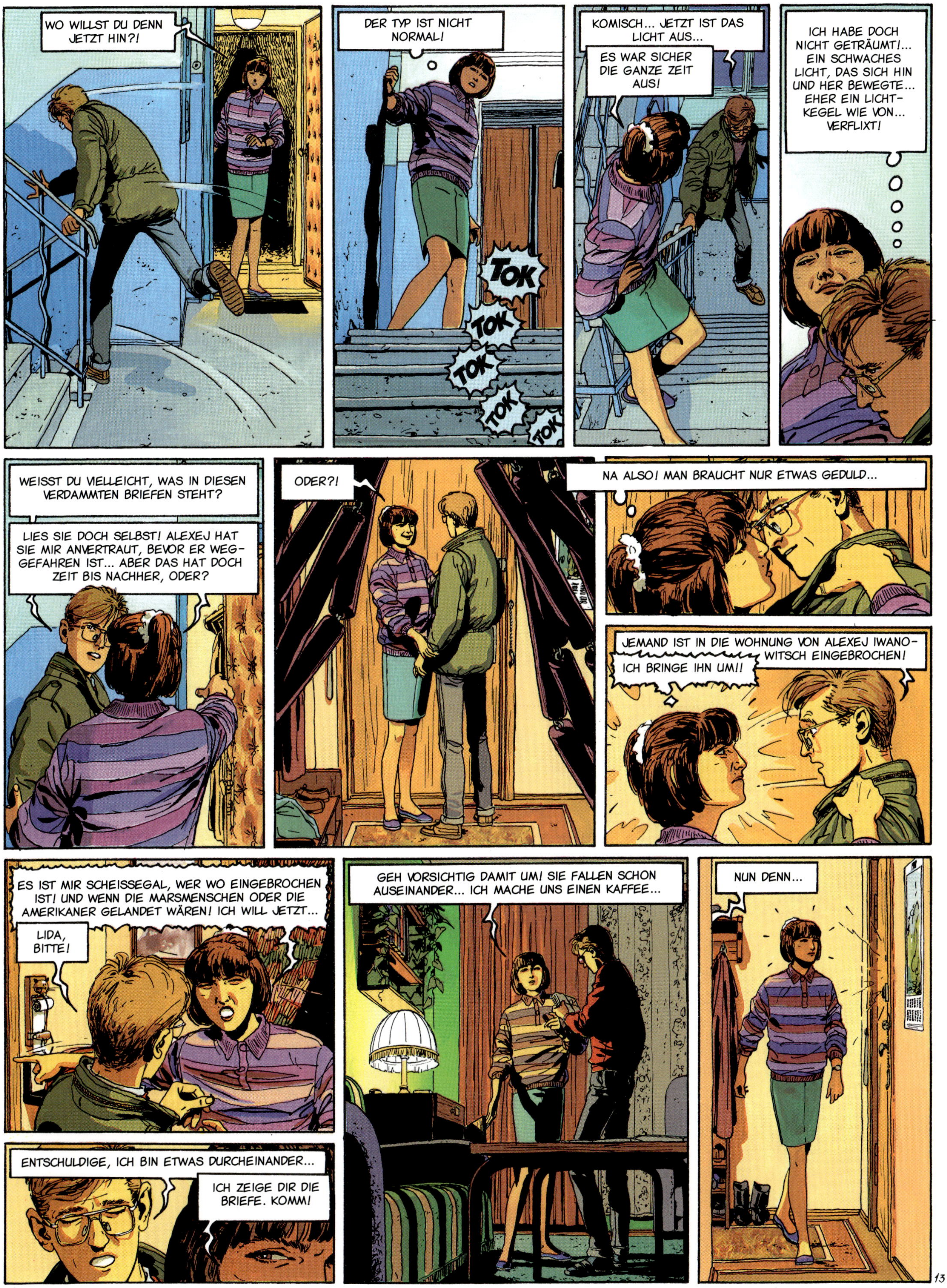

WO WILLST DU DENN JETZT HIN?!
DER TYP IST NICHT NORMAL!
TOK
TOK
TOK
TOK
TOK
KOMISCH... JETZT IST DAS LICHT AUS...
ES WAR SICHER DIE GANZE ZEIT AUS!
ICH HABE DOCH NICHT GETRÄUMT!... EIN SCHWACHES LICHT, DAS SICH HIN UND HER BEWEGTE... EHER EIN LICHTKEGEL WIE VON... VERFLIXT!
WEISST DU VIELLEICHT, WAS IN DIESEN VERDAMMTEN BRIEFEN STEHT?
LIES SIE DOCH SELBST! ALEXEJ HAT SIE MIR ANVERTRAUT, BEVOR ER WEGGEFAHREN IST... ABER DAS HAT DOCH ZEIT BIS NACHHER, ODER?
ODER?!
NA ALSO! MAN BRAUCHT NUR ETWAS GEDULD...
JEMAND IST IN DIE WOHNUNG VON ALEXEJ IWANOWITSCH EINGEBROCHEN!
ICH BRINGE IHN UM!!
ES IST MIR SCHEISSEGAL, WER WO EINGEBROCHEN IST! UND WENN DIE MARSMENSCHEN ODER DIE AMERIKANER GELANDET WÄREN! ICH WILL JETZT...
LIDA, BITTE!
ENTSCHULDIGE, ICH BIN ETWAS DURCHEINANDER...
ICH ZEIGE DIR DIE BRIEFE. KOMM!
GEH VORSICHTIG DAMIT UM! SIE FALLEN SCHON AUSEINANDER... ICH MACHE UNS EINEN KAFFEE...
NUN DENN...
13

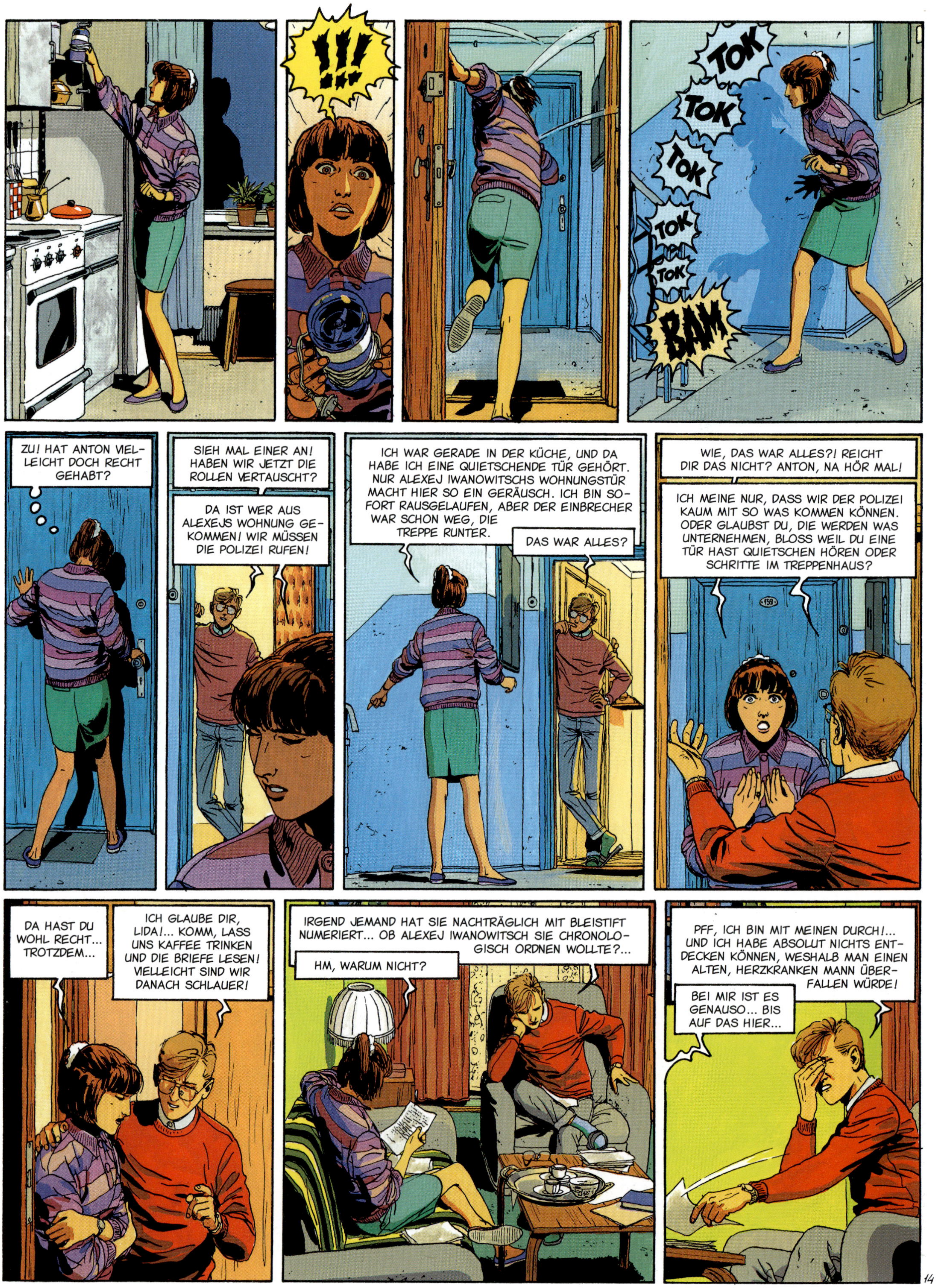
!!!
TOK
TOK
TOK
TOK
TOK
BAM
ZU! HAT ANTON VIELLEICHT DOCH RECHT GEHABT?
SIEH MAL EINER AN! HABEN WIR JETZT DIE ROLLEN VERTAUSCHT?
DA IST WER AUS ALEXEJS WOHNUNG GEKOMMEN! WIR MÜSSEN DIE POLIZEI RUFEN!
ICH WAR GERADE IN DER KÜCHE, UND DA HABE ICH EINE QUIETSCHENDE TÜR GEHÖRT. NUR ALEXEJ IWANOWITSCHS WOHNUNGSTÜR MACHT HIER SO EIN GERÄUSCH. ICH BIN SOFORT RAUSGELAUFEN, ABER DER EINBRECHER WAR SCHON WEG, DIE TREPPE RUNTER.
DAS WAR ALLES?
WIE, DAS WAR ALLES?! REICHT DIR DAS NICHT? ANTON, NA HÖR MAL!
ICH MEINE NUR, DASS WIR DER POLIZEI KAUM MIT SO WAS KOMMEN KÖNNEN. ODER GLAUBST DU, DIE WERDEN WAS UNTERNEHMEN, BLOSS WEIL DU EINE TÜR HAST QUIETSCHEN HÖREN ODER SCHRITTE IM TREPPENHAUS?
159
DA HAST DU WOHL RECHT... TROTZDEM...
ICH GLAUBE DIR, LIDA!... KOMM, LASS UNS KAFFEE TRINKEN UND DIE BRIEFE LESEN! VIELLEICHT SIND WIR DANACH SCHLAUER!
IRGEND JEMAND HAT SIE NACHTRÄGLICH MIT BLEISTIFT NUMERIERT... OB ALEXEJ IWANOWITSCH SIE CHRONOLOGISCH ORDNEN WOLLTE?...
HM, WARUM NICHT?
PFF, ICH BIN MIT MEINEN DURCH!... UND ICH HABE ABSOLUT NICHTS ENTDECKEN KÖNNEN, WESHALB MAN EINEN ALTEN, HERZKRANKEN MANN ÜBERFALLEN WÜRDE!
BEI MIR IST ES GENAUSO... BIS AUF DAS HIER...
14

UNTER EINEM DER BRIEFE STEHT EIN MERKWÜRDIGER NACHSATZ...
MERKWÜRDIG? WIESO? ZEIG DOCH MAL!
BRIEF NUMMER 85... MOMENT, WARTE MAL... AH, JA, HÖR ZU!
"P.S. GANZ OBEN... DORF PROSCHKOWO, DA, WO PIOTR FOMITSCH SOMOW WOHNT. MEINE LIEBE KATINKA, BITTE HEB DIESEN BRIEF AUF, BIS ICH WIEDER ZU HAUSE BIN! DAS IST SEHR WICHTIG!" UND DANN NOCH DER LETZTE SATZ: "UND ZEIG IHN NIEMAND ANDEREM!"
DAS KLINGT WIRKLICH EIGENARTIG... UND SONST HAST DU KEINEN HINWEIS GEFUNDEN?
NEIN, NICHTS.
PIOTR FOMITSCH SOMOW... WER KANN DAS NUR SEIN? IN MEINEN BRIEFEN KAM DER NAME NICHT VOR... UND AUCH NCHT PROSCHKOWO...
IN MEINEN AUCH NICHT. ABER MIR IST NOCH WAS ANDERES AUFGEFALLEN...
DIESER BRIEF KLINGT WEIT WENIGER SENTIMENTAL UND KONFUS ALS DIE ANDEREN... SO, ALS SEI NICHT SEIN INHALT DAS WICHTIGE, SONDERN DER NACHSATZ. DER IST ÜBRIGENS AUCH VIEL SAUBERER GESCHRIEBEN ALS DER REST DES BRIEFES!
SO, ALS SEI NICHT SEIN INHALT DAS WICHTIGE, SONDERN DER NACHSATZ...
HM... DER BRIEF TRÄGT DAS DATUM VOM 27. OKTOBER 1943...
LASS UNS MAL DIE BRIEFE RUND UM DIESEN TAG DARAUF DURCHSEHEN, WO KRIWTSOWS EINHEIT ZU DER ZEIT WAR... DANN KOMMEN WIR VIELLEICHT AUF PROSCHKOWO.
DIE BRIEFE 82 UND 89 VOM 15. SEPTEMBER UND VOM 24. DEZEMBER SIND AUS NJESCHEWKA UND MAKARIEW... HAST DU EINEN ATLAS DER SOWJETUNION?
JA. ICH HOLE IHN DIR.
ICH HAB AUCH EINE STRASSENKARTE VON DER GEGEND GEFUNDEN. DIE IST SICHER DETAILLIERTER...
HM... NJESCHEWKA IST HIER... UND MAKARIEW DA...
ABER DIE BEIDEN LIEGEN 300 KILOMETER AUSEINANDER! WIE SOLLEN WIR DA EIN KLEINES, UNBEDEUTENDES DORF WIE PROSCHKOWO FINDEN?!
WENN ES DIESES DORF ÜBERHAUPT NOCH GIBT!... LASS UNS DOCH LIEBER DIE POLIZEI RUFEN!
DA IST NOCH ETWAS, WAS WIR IHNEN SAGEN KÖNNEN! SICHER WAR DAS TELEGRAMM, DAS ALEXEJ IWANOWITSCH BEKOMMEN HAT, NUR EIN VORWAND, UM IHN AUS SEINER WOHNUNG WEGZULOCKEN!
CLAP
DA HAST DU RECHT!... ABER VERSCHIEBEN WIR ALLES WEITERE AUF MORGEN! ICH HABE EINE IDEE!
15

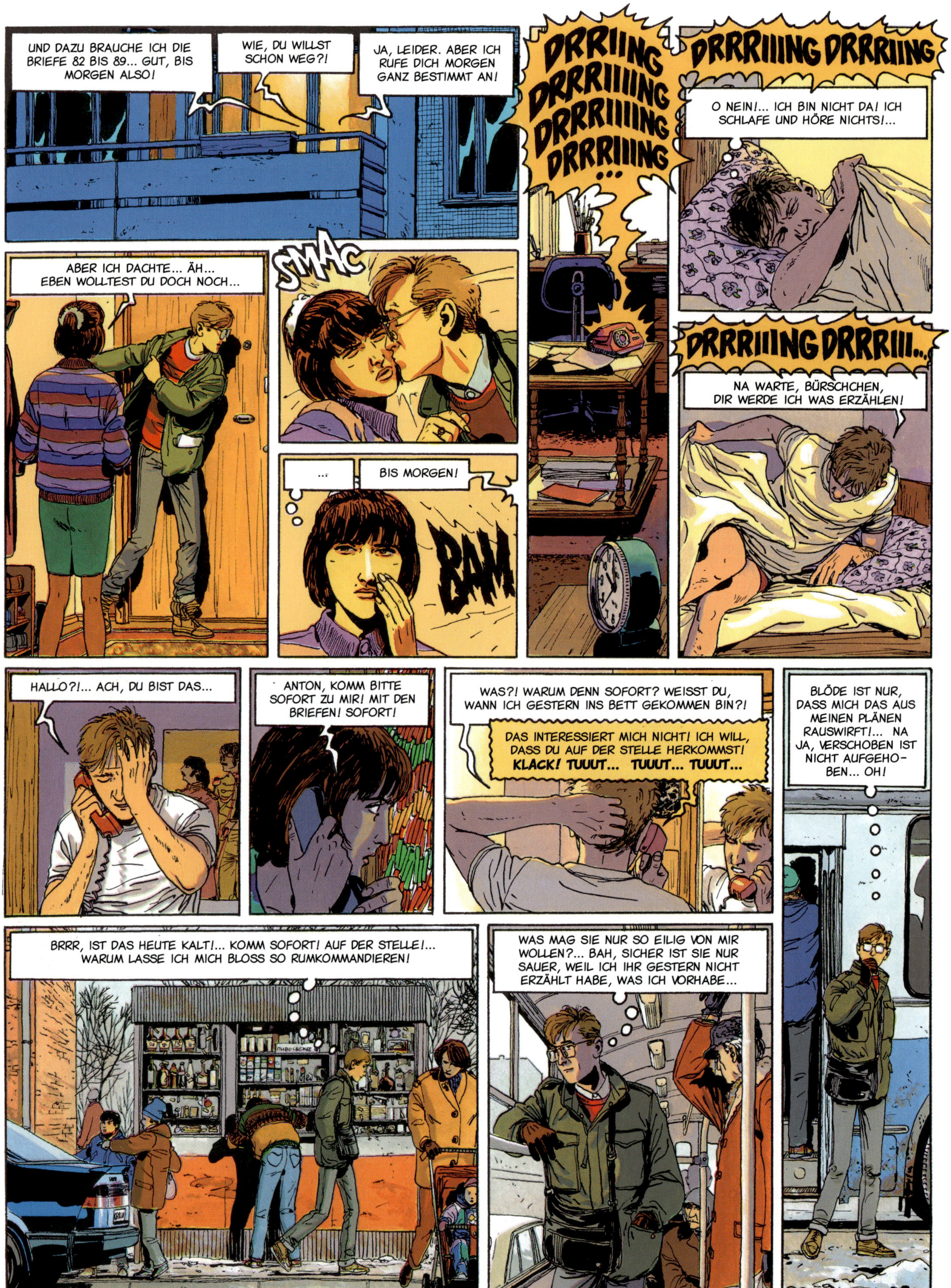
UND DAZU BRAUCHE ICH DIE BRIEFE 82 BIS 89... GUT, BIS MORGEN ALSO!
WIE, DU WILLST SCHON WEG?!
JA, LEIDER. ABER ICH RUFE DICH MORGEN GANZ BESTIMMT AN!
ABER ICH DACHTE... ÄH... EBEN WOLLTEST DU DOCH NOCH...
SMAC
...
BIS MORGEN!
BAM
DRRIING DRRRIIIING DRRRIIIING DRRRIIING...
DRRRIIING DRRRIING
O NEIN!... ICH BIN NICHT DA! ICH SCHLAFE UND HÖRE NICHTS!...
DRRRIIING DRRRIII...
NA WARTE, BÜRSCHCHEN, DIR WERDE ICH WAS ERZÄHLEN!
HALLO?!... ACH, DU BIST DAS...
ANTON, KOMM BITTE SOFORT ZU MIR! MIT DEN BRIEFEN! SOFORT!
WAS?! WARUM DENN SOFORT? WEISST DU, WANN ICH GESTERN INS BETT GEKOMMEN BIN?!
DAS INTERESSIERT MICH NICHT! ICH WILL, DASS DU AUF DER STELLE HERKOMMST! KLACK! TUUUT... TUUUT... TUUUT...
BLÖDE IST NUR, DASS MICH DAS AUS MEINEN PLÄNEN RAUSWIRFT!... NA JA, VERSCHOBEN IST NICHT AUFGEHOBEN... OH!
BRRR, IST DAS HEUTE KALT!... KOMM SOFORT! AUF DER STELLE!... WARUM LASSE ICH MICH BLOSS SO RUMKOMMANDIEREN!
WAS MAG SIE NUR SO EILIG VON MIR WOLLEN?... BAH, SICHER IST SIE NUR SAUER, WEIL ICH IHR GESTERN NICHT ERZÄHLT HABE, WAS ICH VORHABE...
16

HM... ERST LASSE ICH MICH MITTEN IN DER NACHT AUS DEM BETT KLINGELN, UND DANN BRINGE ICH IHR AUCH NOCH BLUMEN MIT!... OB ROMEO DAS WOHL FÜR SEINE JULIA GETAN HÄTTE?
ХЕРСКАЯ
BZZZZ
157
AH, DA BIST DU JA ENDLICH!...
NA HÖR MAL, ICH BIN SO GUT WIE GEFLOGEN! UND DAS NUR DEINETWEGEN!... NICHT ÜBEL, DEIN MORGENMANTEL!... ICH...
SCHLUSS JETZT! REIN MIT DIR! ABER GANZ LANGSAM!
GESICHT ZUR WAND, ALLE BEIDE! SCHNELL!!
CLAC
1993
... ...
WIRD'S BALD?!
SCHON GUT... ES BRENNT JA NICHT! UND WAS NUN?
DIE BRIEFE!
AH, UNSER HERR EINBRECHER! SEI FROH, DASS DU KEIN NEBENBUHLER BIST!... HIER, LIDA, HALT MAL!... ÄH, DIE BLUMEN SIND ÜBRIGENS FÜR DICH!
ACH, DAS IST ABER NETT, ANTON!
HIER! ABER SEIEN SIE VORSICHTIG DAMIT!
SIND DAS AUCH WIRKLICH ALLE, DU SCHERZKEKS?
KLAR. ICH WÜRDE DOCH NICHT...
AH, DAS IST ES!
BRIEF 85, WETTE ICH!
DAS IST WAS?!...

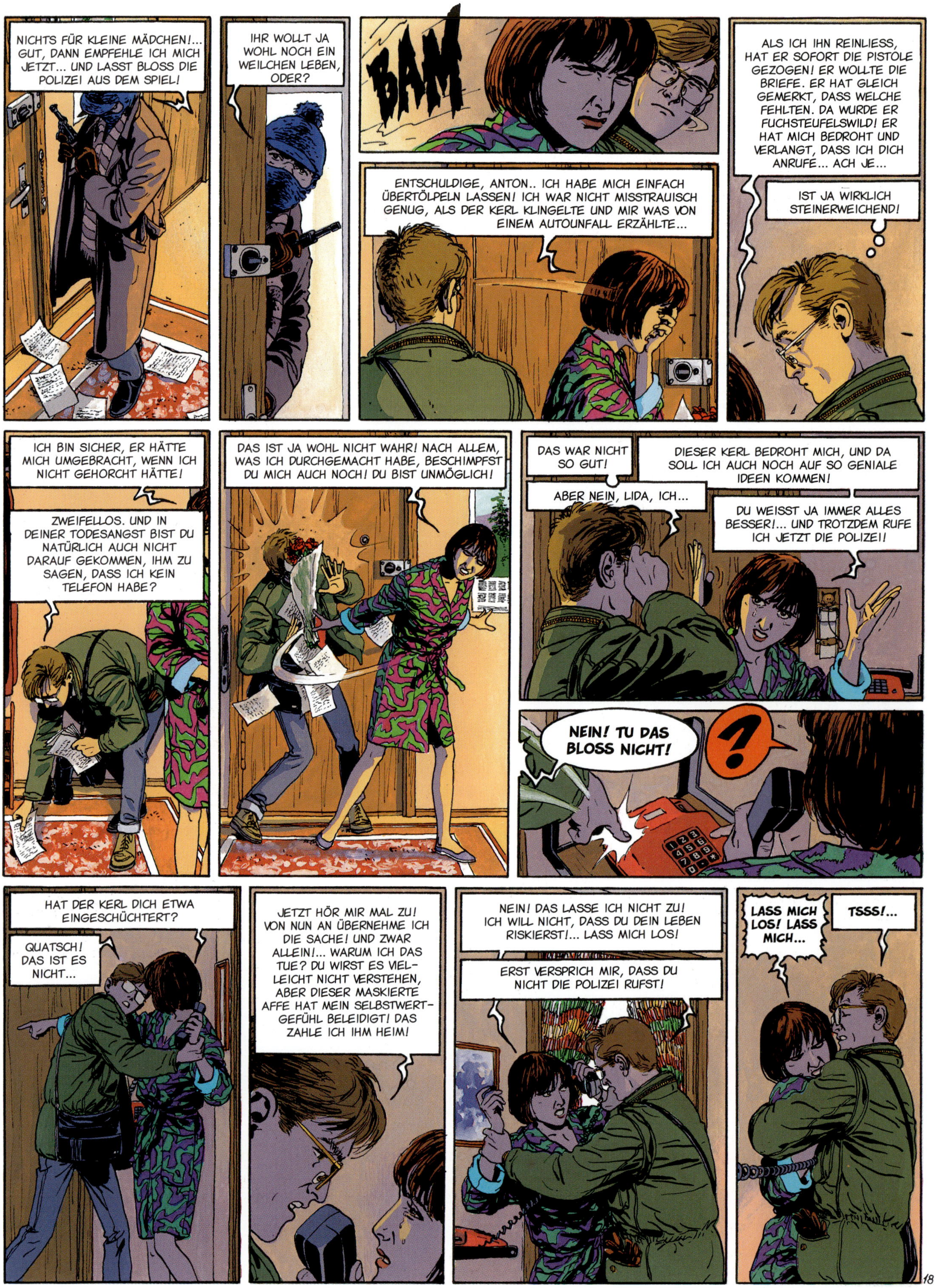
NICHTS FÜR KLEINE MÄDCHEN!... GUT, DANN EMPFEHLE ICH MICH JETZT... UND LASST BLOSS DIE POLIZEI AUS DEM SPIEL!
IHR WOLLT JA WOHL NOCH EIN WEILCHEN LEBEN, ODER?
BAM
ENTSCHULDIGE, ANTON.. ICH HABE MICH EINFACH ÜBERTÖLPELN LASSEN! ICH WAR NICHT MISSTRAUISCH GENUG, ALS DER KERL KLINGELTE UND MIR WAS VON EINEM AUTOUNFALL ERZÄHLTE...
ALS ICH IHN REINLIESS, HAT ER SOFORT DIE PISTOLE GEZOGEN! ER WOLLTE DIE BRIEFE. ER HAT GLEICH GEMERKT, DASS WELCHE FEHLTEN. DA WURDE ER FUCHSTEUFELSWILD! ER HAT MICH BEDROHT UND VERLANGT, DASS ICH DICH ANRUFE... ACH JE...
IST JA WIRKLICH STEINERWEICHEND!
ICH BIN SICHER, ER HÄTTE MICH UMGEBRACHT, WENN ICH NICHT GEHORCHT HÄTTE!
ZWEIFELLOS. UND IN DEINER TODESANGST BIST DU NATÜRLICH AUCH NICHT DARAUF GEKOMMEN, IHM ZU SAGEN, DASS ICH KEIN TELEFON HABE?
DAS IST JA WOHL NICHT WAHR! NACH ALLEM, WAS ICH DURCHGEMACHT HABE, BESCHIMPFST DU MICH AUCH NOCH! DU BIST UNMÖGLICH!
DAS WAR NICHT SO GUT!
DIESER KERL BEDROHT MICH, UND DA SOLL ICH AUCH NOCH AUF SO GENIALE IDEEN KOMMEN!
ABER NEIN, LIDA, ICH...
DU WEISST JA IMMER ALLES BESSER!... UND TROTZDEM RUFE ICH JETZT DIE POLIZEI!
NEIN! TU DAS BLOSS NICHT!
?
HAT DER KERL DICH ETWA EINGESCHÜCHTERT?
QUATSCH! DAS IST ES NICHT...
JETZT HÖR MIR MAL ZU! VON NUN AN ÜBERNEHME ICH DIE SACHE! UND ZWAR ALLEIN!... WARUM ICH DAS TUE? DU WIRST ES VIEL-LEICHT NICHT VERSTEHEN, ABER DIESER MASKIERTE AFFE HAT MEIN SELBSTWERT-GEFÜHL BELEIDIGT! DAS ZAHLE ICH IHM HEIM!
NEIN! DAS LASSE ICH NICHT ZU! ICH WILL NICHT, DASS DU DEIN LEBEN RISKIERST!... LASS MICH LOS!
ERST VERSPRICH MIR, DASS DU NICHT DIE POLIZEI RUFST!
LASS MICH LOS! LASS MICH...
TSSS!...
18

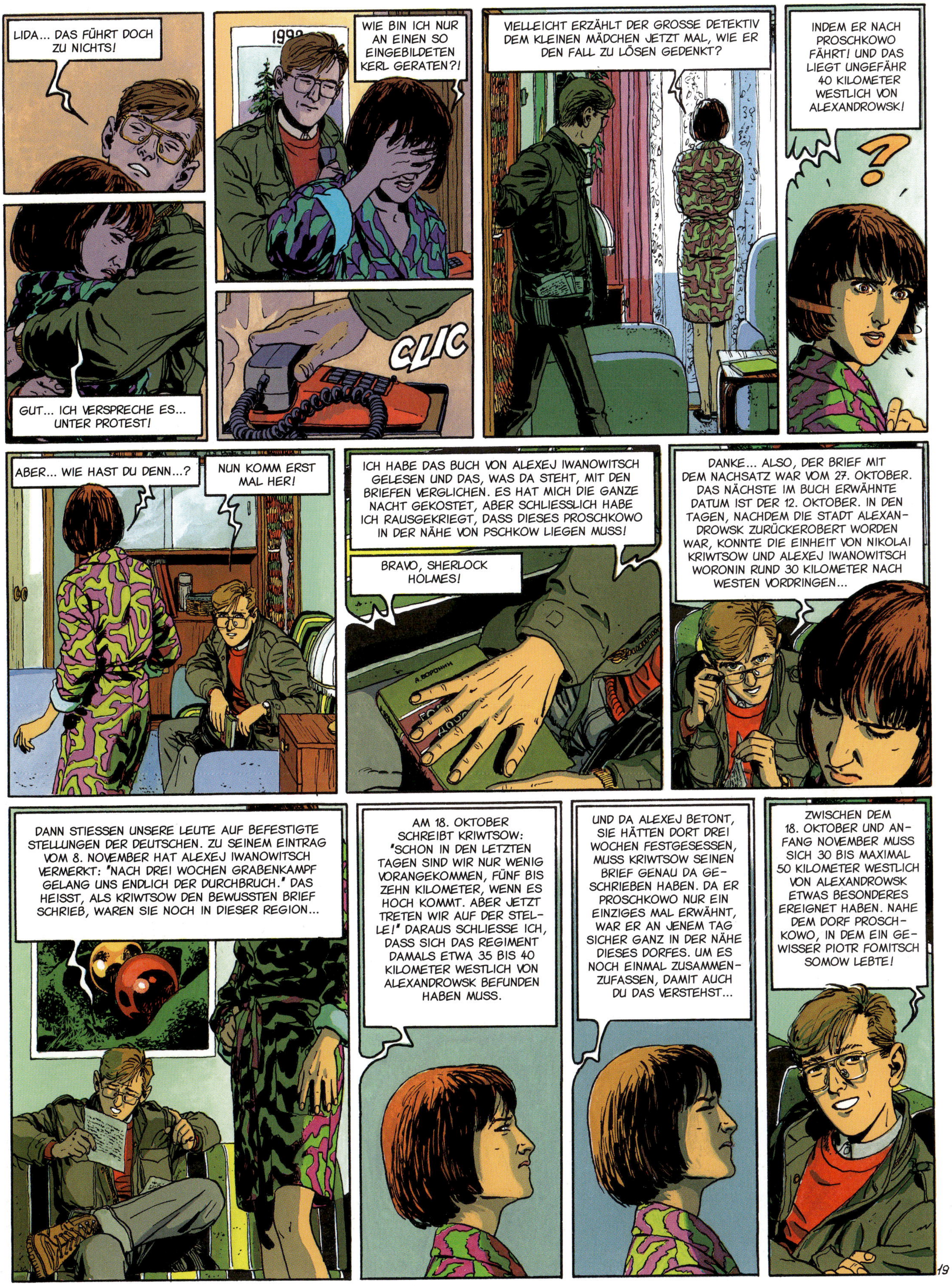
LIDA... DAS FÜHRT DOCH ZU NICHTS!
GUT... ICH VERSPRECHE ES... UNTER PROTEST!
WIE BIN ICH NUR AN EINEN SO EINGEBILDETEN KERL GERATEN?!
CLIC
VIELLEICHT ERZÄHLT DER GROSSE DETEKTIV DEM KLEINEN MÄDCHEN JETZT MAL, WIE ER DEN FALL ZU LÖSEN GEDENKT?
INDEM ER NACH PROSCHKOWO FÄHRT! UND DAS LIEGT UNGEFÄHR 40 KILOMETER WESTLICH VON ALEXANDROWSK!
?
ABER... WIE HAST DU DENN...?
NUN KOMM ERST MAL HER!
ICH HABE DAS BUCH VON ALEXEJ IWANOWITSCH GELESEN UND DAS, WAS DA STEHT, MIT DEN BRIEFEN VERGLICHEN. ES HAT MICH DIE GANZE NACHT GEKOSTET, ABER SCHLIESSLICH HABE ICH RAUSGEKRIEGT, DASS DIESES PROSCHKOWO IN DER NÄHE VON PSCHKOW LIEGEN MUSS!
BRAVO, SHERLOCK HOLMES!
DANKE... ALSO, DER BRIEF MIT DEM NACHSATZ WAR VOM 27. OKTOBER. DAS NÄCHSTE IM BUCH ERWÄHNTE DATUM IST DER 12. OKTOBER. IN DEN TAGEN, NACHDEM DIE STADT ALEXAN-DROWSK ZURÜCKEROBERT WORDEN WAR, KONNTE DIE EINHEIT VON NIKOLAI KRIWTSOW UND ALEXEJ IWANOWITSCH WORONIN RUND 30 KILOMETER NACH WESTEN VORDRINGEN...
DANN STIESSEN UNSERE LEUTE AUF BEFESTIGTE STELLUNGEN DER DEUTSCHEN. ZU SEINEM EINTRAG VOM 8. NOVEMBER HAT ALEXEJ IWANOWITSCH VERMERKT: "NACH DREI WOCHEN GRABENKAMPF GELANG UNS ENDLICH DER DURCHBRUCH." DAS HEISST, ALS KRIWTSOW DEN BEWUSSTEN BRIEF SCHRIEB, WAREN SIE NOCH IN DIESER REGION...
AM 18. OKTOBER SCHREIBT KRIWTSOW: "SCHON IN DEN LETZTEN TAGEN SIND WIR NUR WENIG VORANGEKOMMEN, FÜNF BIS ZEHN KILOMETER, WENN ES HOCH KOMMT. ABER JETZT TRETEN WIR AUF DER STEL-LE!" DARAUS SCHLIESSE ICH, DASS SICH DAS REGIMENT DAMALS ETWA 35 BIS 40 KILOMETER WESTLICH VON ALEXANDROWSK BEFUNDEN HABEN MUSS.
UND DA ALEXEJ BETONT, SIE HÄTTEN DORT DREI WOCHEN FESTGESESSEN, MUSS KRIWTSOW SEINEN BRIEF GENAU DA GE-SCHRIEBEN HABEN. DA ER PROSCHKOWO NUR EIN EINZIGES MAL ERWÄHNT, WAR ER AN JENEM TAG SICHER GANZ IN DER NÄHE DIESES DORFES. UM ES NOCH EINMAL ZUSAMMEN-ZUFASSEN, DAMIT AUCH DU DAS VERSTEHST...
ZWISCHEN DEM 18. OKTOBER UND AN-FANG NOVEMBER MUSS SICH 30 BIS MAXIMAL 50 KILOMETER WESTLICH VON ALEXANDROWSK ETWAS BESONDERES EREIGNET HABEN. NAHE DEM DORF PROSCH-KOWO, IN DEM EIN GE-WISSER PIOTR FOMITSCH SOMOW LEBTE!
19

NA, GROSSARTIG, SHERLOCK HOLMES! LEIDER BIN ICH NICHT DR. WATSON! SONST WÜRDE ICH JETZT DEINE BRILLANTEN ERKENNTNISSE ZU PAPIER BRINGEN!
DAS HAT KEINE EILE. NOCH IST DIE SACHE NICHT AUSGESTANDEN. DAMIT DIESER KRIMI EINEN RICHTIGEN ABSCHLUSS KRIEGT, KAUFE ICH MIR JETZT EINE FAHRKARTE NACH ALEXANDROWSK. ICH BIN BALD ZURÜCK.
UND WENN DER TYP AUF DIESELBE IDEE KOMMT? DANN WARTET ER DORT AUF DICH UND BRINGT DICH UM!
LIDA, ES TUT MIR LEID, WAS DU HEUTE DURCHGEMACHT HAST. ABER DU BRAUCHST JETZT KEINE ANGST MEHR ZU HABEN!
TROTZDEM SOLLTEST DU NICHT JEDEM FREMDEN MANN DIE TÜR ÖFFNEN! MACH'S GUT!
DER MACHT SICH NUR ÜBER MICH LUSTIG! UND ICH BIN AUCH NOCH SO BLÖDE, MICH IN IHN ZU VERLIEBEN!
HM, DIESE BLUMEN... EINEN GUTEN GESCHMACK HAT ER JA...
ABFAHRT 22 UHR 40... DANN KANN ICH VORHER NOCH EIN WENIG SCHLAFEN...
КАССА
2
ВОЗВРАТА
ABER ERST MAL MUSS ICH WAS IN DEN MAGEN KRIEGEN, SONST VERHUNGERE ICH NOCH!
GLUBBL
20

SPLATCH
SCHLOPF
HE! KÖNNEN SIE NICHT WARTEN, BIS ICH FERTIG GEGESSEN HABE?!
WENN ICH AUF JEDEN HIER RÜCKSICHT NEHMEN WÜRDE, WÄRE ICH NIE MIT MEINER ARBEIT FERTIG!
SCHLIESSLICH WILL ICH AUCH FEIER-ABEND HABEN!
WO SIE RECHT HAT, HAT SIE RECHT! DAS IST NICHT MEIN TAG... IRGENDWIE HAT ALLE WELT WAS GEGEN MICH...
BÖRKS! DAS SOLL KAFFEE SEIN?! WIDERLICH! WAS FÜR EIN GESÖFF!
ÄH! UND DIE WÜRSTCHEN SIND NOCH SCHLIMMER!
JETZT KRIEGE ICH AUCH NOCH KOPF-SCHMERZEN! KOMMT DAS VON DER KURZEN NACHT ODER VON DIESEN EKLIGEN WÜRSTCHEN?
NA GUT, ICH BIN JA GLEICH ZU HAUSE...
VERFLIXT, WAS IST DENN DAS...?! ICH KANN NICHT MEHR...
WIE... WO BIN ICH?
WAS IST BLOSS MIT MIR LOS? ICH KANN MICH NICHT MEHR BEWEGEN!
21

AAH... WO BIN ICH? ICH BIN GEFESSELT! UND FESTGEBUNDEN!
WAS SOLL ICH TUN? WENN ICH MICH BEWEGE, ZIEHEN SICH DIE KNOTEN NUR NOCH FESTER!
MMM... MMM... MMM...
CLIC
HEY! IST DA WER?!
MMM... MMM...
BEIM KLABAUTERMANN! EIN BLINDER PASSAGIER!
WIE KOMMST DU IN DEN KIELRAUM, SCHIFFSJUNGE?
KEINE AHNUNG!... ICH WAR AM BAHNHOF, HAB WAS GEGESSEN UND WOLLTE ZURÜCK NACH HAUSE... MEHR WEISS ICH NICHT!
EIN BAHNHOF AUF HOHER SEE? WELCHER?
DER RIGAER.
DER RIGAER? JA, DAVON HABE ICH SCHON GEHÖRT. LIEGT WEITAB VON JEDER KÜSTE, MATROSE.
WO BIN ICH HIER? UND WAS REDEN SIE FÜR EIN KAUDERWELSCH?
DU BIST IM BAUCH DES "WEISSEN DELPHINS", DES GRÖSSTEN SCHIFFS, DAS JE DIE MEERE BEFAHREN HAT.
SIND... SIND SIE EIN BOMSCH*?
* BEZEICHNUNG DER OBDACHLOSEN IN MOSKAU (KURZFORM)
EIN WAS?... DEN PIRATEN KENNE ICH NICHT. HAST DU VIELLEICHT TABAK?
ICH RAUCHE NICHT.
PECH. MEINER REICHT AUCH NICHT BIS ZUM NÄCHSTEN HAFEN.
MEINE BRIEFTASCHE IST WEG! MIT ALL MEINEM GELD! UND DER FAHRKARTE!... UND MEINE UHR AUCH! ICH HAB NUR NOCH MEINE TASCHE, DAS BUCH UND... MEINE BRILLE!
GELD? WO IST DEIN GELD?
VERFLIXT, WIE LANGE HABE ICH HIER EIGENTLICH GESESSEN? WIE SPÄT IST ES? WELCHER TAG IST HEUTE?... SIE HABEN NICHT ZUFÄLLIG EINE UHR?
HÄLTST DU KÄPT'N BORIS WOLKOW FÜR EINEN SÜSSWASSERPIRATEN? ICH HAB DIE UHR EBEN ERST AM TAGANKA-THEATER ABGEFISCHT! HEUTE IST DER 13. MÄRZ, 21 UHR, 32 MINUTEN UND 17 SEKUNDEN. DIE SICHT IST GUT, DAS MEER IST RUHIG.
22

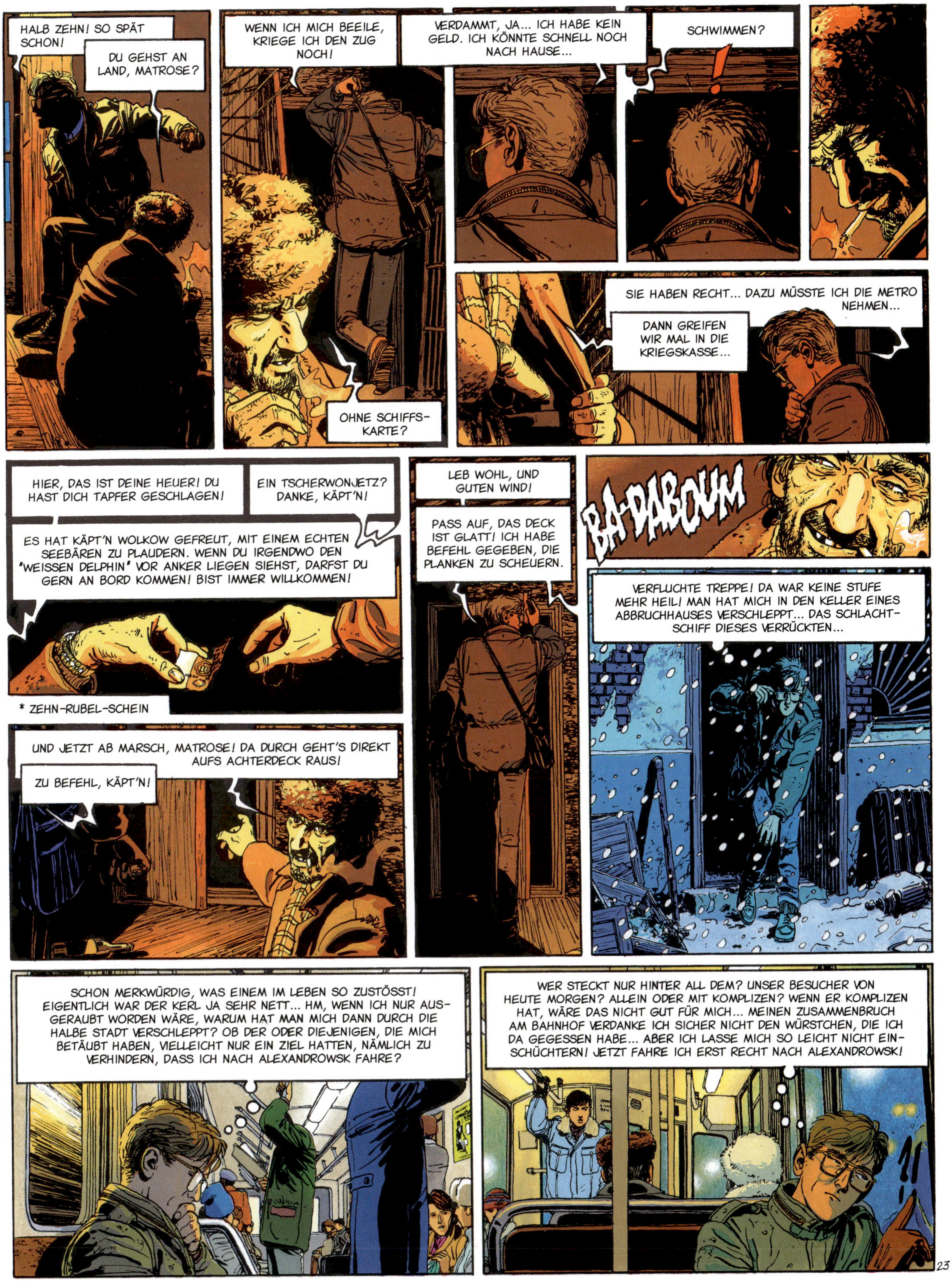
HALB ZEHN! SO SPÄT SCHON!
DU GEHST AN LAND, MATROSE?
WENN ICH MICH BEEILE, KRIEGE ICH DEN ZUG NOCH!
OHNE SCHIFFS-KARTE?
VERDAMMT, JA... ICH HABE KEIN GELD. ICH KÖNNTE SCHNELL NOCH NACH HAUSE...
SCHWIMMEN?
!
SIE HABEN RECHT... DAZU MÜSSTE ICH DIE METRO NEHMEN...
DANN GREIFEN WIR MAL IN DIE KRIEGSKASSE...
HIER, DAS IST DEINE HEUER! DU HAST DICH TAPFER GESCHLAGEN!
EIN TSCHERWONJETZ? DANKE, KÄPT'N!
ES HAT KÄPT'N WOLKOW GEFREUT, MIT EINEM ECHTEN SEEBÄREN ZU PLAUDERN. WENN DU IRGENDWO DEN "WEISSEN DELPHIN" VOR ANKER LIEGEN SIEHST, DARFST DU GERN AN BORD KOMMEN! BIST IMMER WILLKOMMEN!
* ZEHN-RUBEL-SCHEIN
UND JETZT AB MARSCH, MATROSE! DA DURCH GEHT'S DIREKT AUFS ACHTERDECK RAUS!
ZU BEFEHL, KÄPT'N!
LEB WOHL, UND GUTEN WIND!
PASS AUF, DAS DECK IST GLATT! ICH HABE BEFEHL GEGEBEN, DIE PLANKEN ZU SCHEUERN.
BA-DABOUM
VERFLUCHTE TREPPE! DA WAR KEINE STUFE MEHR HEIL! MAN HAT MICH IN DEN KELLER EINES ABBRUCHHAUSES VERSCHLEPPT... DAS SCHLACHTSCHIFF DIESES VERRÜCKTEN...
SCHON MERKWÜRDIG, WAS EINEM IM LEBEN SO ZUSTÖSST! EIGENTLICH WAR DER KERL JA SEHR NETT... HM, WENN ICH NUR AUSGERAUBT WORDEN WÄRE, WARUM HAT MAN MICH DANN DURCH DIE HALBE STADT VERSCHLEPPT? OB DER ODER DIEJENIGEN, DIE MICH BETÄUBT HABEN, VIELLEICHT NUR EIN ZIEL HATTEN, NÄMLICH ZU VERHINDERN, DASS ICH NACH ALEXANDROWSK FAHRE?
WER STECKT NUR HINTER ALL DEM? UNSER BESUCHER VON HEUTE MORGEN? ALLEIN ODER MIT KOMPLIZEN? WENN ER KOMPLIZEN HAT, WÄRE DAS NICHT GUT FÜR MICH... MEINEN ZUSAMMENBRUCH AM BAHNHOF VERDANKE ICH SICHER NICHT DEN WÜRSTCHEN, DIE ICH DA GEGESSEN HABE... ABER ICH LASSE MICH SO LEICHT NICHT EINSCHÜCHTERN! JETZT FAHRE ICH ERST RECHT NACH ALEXANDROWSK!
?!
23

UND DESWEGEN DARF ICH AUF KEINEN FALL DEN ZUG VERPASSEN!
35
!
35
DAS KANN NICHT WAHR SEIN! SELBST DEN SCHLÜSSEL HABEN SIE MIR GEKLAUT!
LIDA! NATÜRLICH... SIE MUSS MIR HELFEN!
VIELLEICHT HABE ICH DEN SCHLÜSSEL AUCH VERLOREN?... EGAL. ABER WAS TUE ICH JETZT? DIE TÜR EINTRETEN? NEIN, DAS WÄRE WOHL ETWAS ÜBERTRIEBEN...
DLING DLING
WER IST DA?
DER NACHBAR!
ANTON?! WAS IST DENN PASSIERT?
ICH HABE MEINE SCHLÜSSEL VERLOREN. KANN ICH MAL TELEFONIEREN?
ACH, SO EIN PECH!... NATÜRLICH, KOMMEN SIE REIN!
MEIN GOTT, WIE SEHE ICH DENN BLOSS AUS?! O NEIN... SIE DÜRFEN MICH NICHT ANSCHAUEN, ANTON!
NEIN, KEINE SORGE... VERFLIXT! SIE NIMMT NICHT AB. WO TREIBT DIE SICH BLOSS WIEDER RUM?
MUTTER MASCHA... KÖNNTEN SIE MIR WOHL 5000 RUBEL LEIHEN?
5000?!
SIE KRIEGEN SIE BESTIMMT NÄCHSTE WOCHE WIEDER!
ICH WERDE MAL NACHSEHEN...
ICH HABE DAS GELD. IN EINER WOCHE, JA?
ICH GLAUBE, JETZT WENDET SICH DAS GLÜCK ZU MEINEN GUNSTEN!
SELBSTVERSTÄNDLICH, MUTTER MASCHA! SIE KRIEGEN ES AUF EINEM GOLDENEN, MIT EDELSTEINEN BESETZTEN TABLETT SERVIERT!
ACH, ANTON, SIE WISSEN, WIE MAN MIT FRAUEN SPRICHT! ABER NENNEN SIE MICH NICHT IMMER MUTTER MASCHA!
SMAC
24

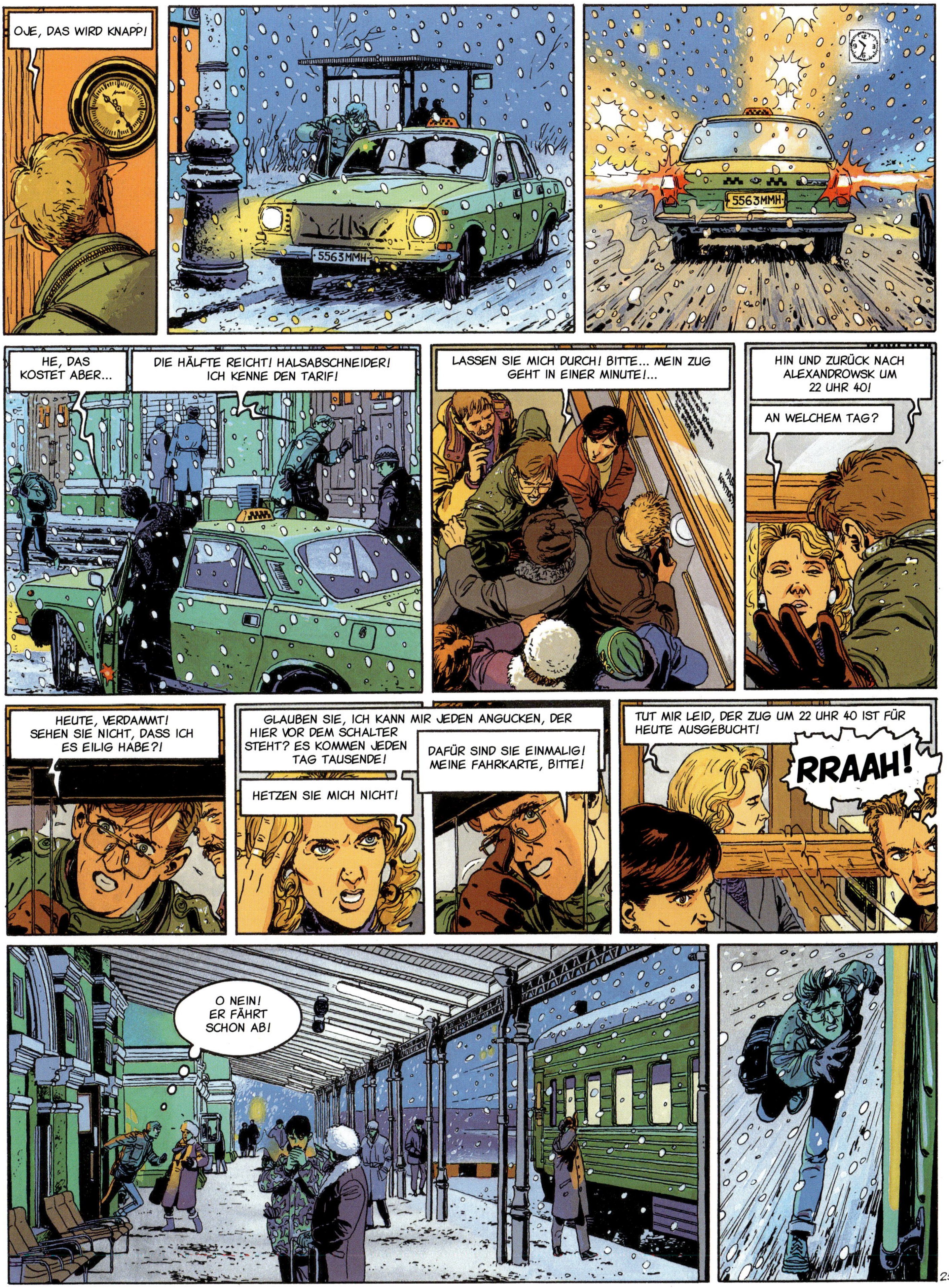
OJE, DAS WIRD KNAPP!
HE, DAS KOSTET ABER...
DIE HÄLFTE REICHT! HALSABSCHNEIDER! ICH KENNE DEN TARIF!
LASSEN SIE MICH DURCH! BITTE... MEIN ZUG GEHT IN EINER MINUTE!...
HIN UND ZURÜCK NACH ALEXANDROWSK UM 22 UHR 40!
AN WELCHEM TAG?
HEUTE, VERDAMMT! SEHEN SIE NICHT, DASS ICH ES EILIG HABE?!
GLAUBEN SIE, ICH KANN MIR JEDEN ANGUCKEN, DER HIER VOR DEM SCHALTER STEHT? ES KOMMEN JEDEN TAG TAUSENDE!
HETZEN SIE MICH NICHT!
DAFÜR SIND SIE EINMALIG! MEINE FAHRKARTE, BITTE!
TUT MIR LEID, DER ZUG UM 22 UHR 40 IST FÜR HEUTE AUSGEBUCHT!
RRAAH!
O NEIN! ER FÄHRT SCHON AB!
25

HE, WAS TUN SIE...?
HALT! HIER KOMMT KEINER REIN! IHRE FAHRKARTE!
ICH BIN... SO GELAUFEN... KEINE ZEIT... MEHR FÜR... ICH ZAHLE JETZT...
ACH, WIRKLICH? WIEVIEL DENN?
WIEVIEL? WOHER SOLL ICH WISSEN, WIE HOCH DER PREIS IST?
NA HÖREN SIE MAL! DAFÜR KANN MAN EINE WELTREISE MACHEN! ICH WILL NUR BIS ALEXANDROWSK!
... ...
ICH BESTEHE JA NICHT DARAUF. SIE KÖNNEN DA AUSSTEIGEN, WO SIE EINGESTIEGEN SIND.
LASSEN SIE UNS MAL VERNÜNFTIG REDEN, JA?
DAS HÖRT SICH SCHON BESSER AN. KOMMEN SIE MIT IN MEIN ABTEIL!
WIE, IN IHR...?!
HAHA! KEINE ANGST! SEHE ICH ETWA AUS, ALS WÜRDE ICH KLEINE GRÜNE JUNGS VERNASCHEN?
BITTE... HABEN SIE AUCH GENUG GELD?
BIS WOHIN WOLLEN SIE MITFAHREN?
BIS ALEXANDROWSK.
HM... ALEXANDROWSK... EINMAL NORMAL PLUS 100, NEIN 150 PROZENT ZUSCHLAG... DAS MACHT 1500 RUBEL. EINEN FAHRSCHEIN BRAUCHEN SIE DOCH WOHL NICHT?
VERSTEHE... NEIN.
UND WENN ICH IHRE PRIVATGESCHÄFTE ANZEIGE? WAS IST DANN?
UND WENN ICH MEINEN KOLLEGEN ERZÄHLE, DASS WIR EINEN BLINDEN PASSAGIER HABEN?
TUUUUUUT
MACHEN SIE DIE TÜR ZU, UND SEIEN SIE OHNE SORGE! ICH FINDE IM NÄCHSTEN WAGEN EINEN PLATZ... ICH WECKE SIE RECHTZEITIG, BEVOR SIE RAUS MÜSSEN. GUTE NACHT!
HABEN SIE MIR EINEN SCHRECK EINGEJAGT!
ICH WOLLTE NUR FRAGEN, OB SIE NOCH EINE DECKE HABEN...
JUHUU! ICH HABE ES GESCHAFFT!
26

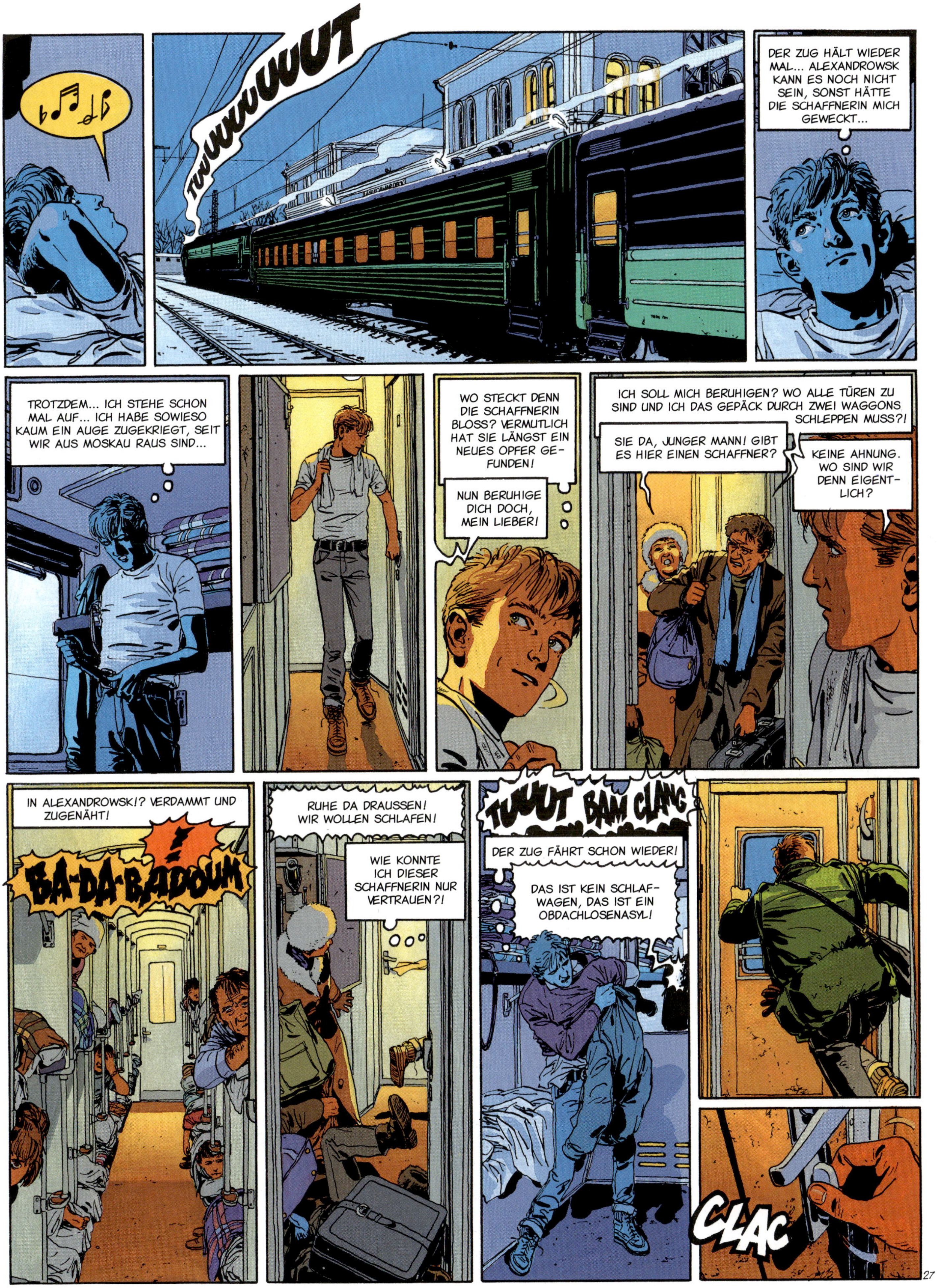
TUUUUUUUUUT
DER ZUG HÄLT WIEDER MAL... ALEXANDROWSK KANN ES NOCH NICHT SEIN, SONST HÄTTE DIE SCHAFFNERIN MICH GEWECKT...
TROTZDEM... ICH STEHE SCHON MAL AUF... ICH HABE SOWIESO KAUM EIN AUGE ZUGEKRIEGT, SEIT WIR AUS MOSKAU RAUS SIND...
WO STECKT DENN DIE SCHAFFNERIN BLOSS? VERMUTLICH HAT SIE LÄNGST EIN NEUES OPFER GEFUNDEN!
NUN BERUHIGE DICH DOCH, MEIN LIEBER!
ICH SOLL MICH BERUHIGEN? WO ALLE TÜREN ZU SIND UND ICH DAS GEPÄCK DURCH ZWEI WAGGONS SCHLEPPEN MUSS?!
SIE DA, JUNGER MANN! GIBT ES HIER EINEN SCHAFFNER?
KEINE AHNUNG. WO SIND WIR DENN EIGENTLICH?
IN ALEXANDROWSK!? VERDAMMT UND ZUGENÄHT!
!
BA-DA-BADOUM
RUHE DA DRAUSSEN! WIR WOLLEN SCHLAFEN!
WIE KONNTE ICH DIESER SCHAFFNERIN NUR VERTRAUEN?!
TUUUT BAM CLANG
DER ZUG FÄHRT SCHON WIEDER!
DAS IST KEIN SCHLAFWAGEN, DAS IST EIN OBDACHLOSENASYL!
CLAC
27

NOCH FÄHRT ER NICHT ALLZU SCHNELL...
LIEBER GOTT, HILF MIR!
TA-TOUM TA-TOUM... TA-TOUM TA-TOUM...
PUUH! EIN PAAR ZENTIMETER WEITER, UND... LIDA, WARUM HAST DU MICH NUR WEGFAHREN LASSEN?
3
!
DIE BRILLE IST NOCH HEIL! WENIGSTENS DIE LÄSST SICH NICHT AUS DER FASSUNG BRINGEN!
HM... AUF DEM PLAN IST KEIN PROSCHKOWO... UND DIE EINZIGE BUSLINIE RICHTUNG WESTEN IST DIE VON ALEXANDROWSK NACH BORI...
ENTSCHULDIGUNG, DER BUS NACH BORI... HÄLT DER UNTERWEGS IN EINEM DORF NAMENS PROSCHKOWO?
PROSCHKOWO? HM... LASSEN SIE MICH MAL NACHDENKEN...DA MÜSSEN SIE IN BOJARINOWO AUSSTEIGEN UND NOCH EIN STÜCK LAUFEN.
ENDLICH! ICH BIN WIEDER AM BAHNHOF!
2
СХЕМА
КАССА
ABER SIE HABEN PECH! DER BUS IST GERADE WEG!
UND WANN FÄHRT DER NÄCHSTE?
HALB ZWEI.
!
28

AM BESTEN FAHRE ICH PER ANHALTER... ABER ERST MAL MUSS ICH DIE STRASSE IN RICHTUNG WESTEN FINDEN...
BOJARINOWO, PROSCHKOWO... WAS SIND DAS BLOSS FÜR KÄFFER? KEIN MENSCH FÄHRT DAHIN! DA HÄTTE ICH GENAUSOGUT AUF DEN BUS WARTEN KÖNNEN!
DAS IST JA EIN TOLLES TRANSPORTMITTEL! ABER ICH DARF NICHT WÄHLERISCH SEIN... SCHLECHT GEFAHREN IST IMMER NOCH BESSER ALS GUT GELAUFEN!
LIDA HATTE VÖLLIG RECHT! ICH VERSCHWENDE HIER NUR MEINE ZEIT... PROSCHKOWO, UND DANN DIESER PIOTR FOMITSCH SOMOW! WER WEISS, OB DER ÜBERHAUPT NOCH AM LEBEN IST, NACH EINEM HALBEN JAHRHUNDERT!? VIELLEICHT FINDE ICH JA NUR NOCH SEINE KNOCHEN?
SCHLUSS JETZT! DAS FEHLTE NOCH, DASS ICH SO KURZ VOR DEM ZIEL DEN MORALISCHEN KRIEGE!... WENN ICH MIR BLOSS NICHT DIESEN SCHNUPFEN EINGEFANGEN HÄTTE!... BEISS DIE ZÄHNE ZUSAMMEN, ANTON, DU SCHAFFST DAS SCHON!
POOOT
РЕВОЗКА ЛЮДЕЙ
ЗАПРЕЩЕНА!
29

HE! DU MUSST HIER ABSTEIGEN! WIR SIND DA!...
WO IST ER DENN BLOSS HIN?! LIEBER GOTT, ER WIRD DOCH UNTERWEGS NICHT VOM WAGEN GEFALLEN SEIN!?
HE! IST DA JEMAND UNTER DEM STROH?
NICHT MAL HIER KANN MAN IN RUHE SCHLAFEN!...
WIEVIEL SCHULDE ICH IHNEN?
HAHAHA! FÜR DAS BETT ODER FÜR DIE FAHRT? NUN KOMM SCHON RAUS UND SCHWING DIE BEINE!
DA LANG GEHT'S NACH PROSCHKOWO! IMMER DER NASE NACH, UNGEFÄHR DREI KILOMETER.
VIELEN DANK!
ICH GLAUBE, DAS SCHLIMMSTE HABE ICH JETZT HINTER MIR... GLEICH BIN ICH AM ZIEL...
UNGLAUBLICH! DER KRIEG IST NUN SCHON SEIT FÜNFZIG JAHREN AUS, ABER WENN MAN DIESE WRACKS SIEHT, KÖNNTE MAN MEINEN, ES SEI ERST WENIGE WOCHEN HER...
DAS IST ALSO PROSCHKOWO!
WAS?! WIE? HIER GIBT ES KEINEN PIOTR FOMITSCH! PIOTR FJODOROWITSCH, JA, ABER FOMITSCH, NEIN...
HM... FOMITSCH, FJODOROWITSCH... DAS KLINGT SEHR ÄHNLICH... WENN DAS NUN EIN UND DERSELBE WÄRE?
UND WO WOHNT DER?
30

SEHEN SIE DAS GRÜNE HAUS DA DRÜBEN? DA WOHNT PIOTR FJODOROWITSCH.
AH, JA... VIELEN DANK!
ABER ER HEISS BELOW, NICHT SOMOW!
WIE BITTE?!
ABER ICH HABE SIE DOCH AUSDRÜCKLICH NACH SOMOW GEFRAGT!
DA WOHNT KEIN SOMOW. DER WOHNT AUF DER ANDEREN SEITE!
SEHEN SIE DAS BLAUE HAUS UNTER DER GROSSEN BIRKE?
IST DAS SEIN HAUS?
NEIN, NEIN! SOMOW WOHNT DREI HÄUSER WEITER!
DANKE FÜR DIE AUSKUNFT!
ABER ER HEISST ANDREJ SERGEJEWITSCH.
!
!
ABER DER SOMOW, DEN ICH SUCHE, HEISST PIOTR FJODOROWITSCH... ICH MEINE, PIOTR FOMITSCH!
VIELLEICHT GRISCHKA TSCHER-KASSSOW?
GENUG!
JA, JA... ICH WEISS OHNEHIN NICHT MEHR, WO DER WOHNT... DAS ALTER...
DIE WAR JA WOHL VÖLLIG VERKALKT! JEDENFALLS GEHE ICH JETZT ERST MAL ZU DIESEM ANDREJ SERGEJEWITSCH...
VIELLEICHT IST ER EIN VERWANDTER...
DAS DRITTE HAUS NACH DEM BLAU-EN... DAS MUSS HIER SEIN...
TOK TOK TOK
31

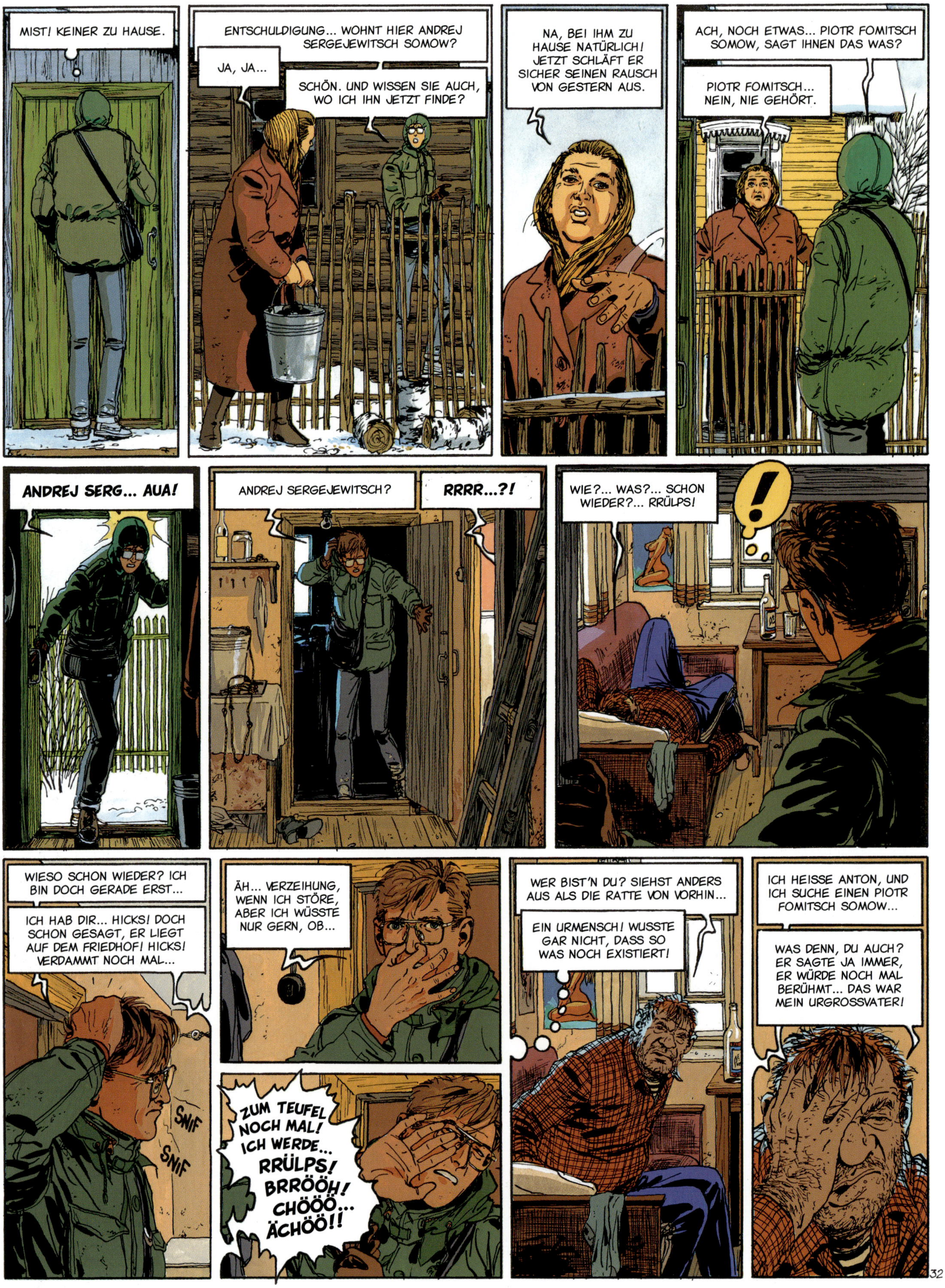
MIST! KEINER ZU HAUSE.
ENTSCHULDIGUNG... WOHNT HIER ANDREJ SERGEJEWITSCH SOMOW?
JA, JA...
SCHÖN. UND WISSEN SIE AUCH, WO ICH IHN JETZT FINDE?
NA, BEI IHM ZU HAUSE NATÜRLICH! JETZT SCHLÄFT ER SICHER SEINEN RAUSCH VON GESTERN AUS.
ACH, NOCH ETWAS... PIOTR FOMITSCH SOMOW, SAGT IHNEN DAS WAS?
PIOTR FOMITSCH... NEIN, NIE GEHÖRT.
ANDREJ SERG... AUA!
ANDREJ SERGEJEWITSCH?
RRRR...?!
WIE?... WAS?... SCHON WIEDER?... RRÜLPS!
!
WIESO SCHON WIEDER? ICH BIN DOCH GERADE ERST...
ICH HAB DIR... HICKS! DOCH SCHON GESAGT, ER LIEGT AUF DEM FRIEDHOF! HICKS! VERDAMMT NOCH MAL...
SNIF
SNIF
ÄH... VERZEIHUNG, WENN ICH STÖRE, ABER ICH WÜSSTE NUR GERN, OB...
ZUM TEUFEL NOCH MAL! ICH WERDE... RRÜLPS! BRRÖÖH! CHÖÖÖ... ÄCHÖÖ!!
WER BIST'N DU? SIEHST ANDERS AUS ALS DIE RATTE VON VORHIN...
EIN URMENSCH! WUSSTE GAR NICHT, DASS SO WAS NOCH EXISTIERT!
ICH HEISSE ANTON, UND ICH SUCHE EINEN PIOTR FOMITSCH SOMOW...
WAS DENN, DU AUCH? ER SAGTE JA IMMER, ER WÜRDE NOCH MAL BERÜHMT... DAS WAR MEIN URGROSSVATER!
32

WO IST ER? LEBT ER ÜBERHAUPT NOCH?
OB ER NOCH...?! MEIN URGROSSVATER! DER IST SCHON SEIT HUNDERT JAHREN TOT! UND JETZT LIEGT ER AUF DEM FRIEDHOF! DAS HABE ICH DEM ANDEREN AUCH GESAGT. KANN ICH JETZT VIELLEICHT WEITERSCHLAFEN?... HICKS!
ÄH... MOMENT NOCH... WELCHER FRIEDHOF?
ES GIBT NUR EINEN FRIEDHOF IN PROSCHKOWO!! SONST NOCH FRAGEN?
ÄH... UND WENN ICH NUN...
ICH WERDE DIR DAS FELL ÜBER DIE OHREN ZIEHEN! ICH STECKE DICH IN EIN EISLOCH!!
DZANG
BOMM!
AUA! VERDAMMTE TÜR!!
?
NA, WAS MACHT DER SÄUFER? LEBT ER NOCH?
UND NICHT ZU KNAPP!... SAGEN SIE, WIE KOMME ICH HIER ZUM FRIEDHOF?
ZUM FRIEDHOF? IMMER DER STRASSE NACH!... ABER WAS WOLLEN SIE DENN DA?
MIR EIN GRAB SCHAUFELN UND STERBEN!
SCHON SEIT HUNDERT JAHREN TOT... ALS KRIWTSOW SEINE BRIEFE SCHRIEB, WAR DER URGROSSVATER LÄNGST UNTER DER ERDE...
WARUM ALSO SOLLTE ICH... ABER JA! DAS IST ES!!
NOCH EIN TOURIST! UND SICHER WILL DER AUCH ZUM FRIEDHOF!... WOHIN DENN SONST? NACH OLESOWO BESTIMMT NICHT! DAS SIND ÜBER ACHT KILOMETER!
DA IST ER JA!
FRISCHE SPUREN IM SCHNEE... HM... WIE HABEN WIR DAMALS BEI DEN JUNGEN PIONIEREN SPUREN GELESEN?...
33

HM... DA ES BIS VOR EINER STUNDE GESCHNEIT HAT, KANN ICH SICHER SEIN, DASS DIE ABDRÜCKE GANZ FRISCH SIND ... SIE STAMMEN VON ZWEI PERSONEN... DIE SICH VERMUTLICH NOCH AUF DEM FRIEDHOF AUFHALTEN!...
JEDENFALLS SEHE ICH KEINE SPUR, DIE WIEDER VOM FRIEDHOF WEGFÜHRT... VIELLEICHT GIBT ES EINEN ZWEITEN AUSGANG?... EINER DER BEIDEN IST DER, DER BEI SOMOW WAR... ABER WER IST DER ANDERE?
VON DER GRÖSSE DER ABDRÜCKE HER KÖNNTE DAS EIN JUGENDLICHER ODER EINE FRAU SEIN... DIE SPUR IST DEUTLICH KLEINER ALS DIE ANDERE... FREUND ODER FEIND? ICH HALTE BESSER DIE AUGEN OFFEN...
ВИКУЛОВ
Семён Кузьмич
15.III.1911-18.IX.1971
AH, DA DRÜBEN IST JEMAND!... WOLLEN DOCH MAL SEHEN, OB MEINE THEORIE STIMMT...
LIDA!!
ABER ICH WEISS WIRKLICH NICHTS!
WIE KOMMT DIE DENN HIERHER?
ERZÄHL MIR NICHTS! ICH FRAGE DICH JETZT ZUM LETZTENMAL: WO IST ER?
ROHLING!
NA WARTE!
SCHEISSEE!
!?!
34

NA ALSO, DA KOMMT ER JA! OBWOHL ICH ALLES GETAN HABE, UM IHN AUFZUHALTEN! BRAVO!
ANTON?!
ES WAR EBEN NICHT GENUG!
SIEHT GANZ SO AUS. ABER ICH KANN JA NOCH EINEN DRAUFLEGEN, ODER?...
JETZT VERSTEHE ICH ENDLICH!...
KEINEN SCHRITT WEITER, ODER...
ODER WAS?
ODER ICH LEGE EUCH ALLE BEIDE UM!
IST DAS NICHT EIN BISSCHEN THEATRALISCH?
ANTON, MACH JETZT KEINE WITZE! SIEHST DU NICHT, DASS ER EINE PISTOLE HAT?!
EINE PISTOLE? ACH JA, EINE PISTOLE... KANN MAN DAMIT AUCH SCHIESSEN? JA? MIT WAS DENN? MIT BLEIKUGELN ODER MIT KONFETTI? TUT MIR LEID, MEIN LIEBER, ICH HABE LANGE GENUG IM MILITÄRMUSEUM GEJOBBT, UM MICH MIT WAFFEN AUSZUKENNEN!
DIESES SPIELZEUG MACHT MIR KEINE ANGST! ALSO SEIEN SIE VERNÜNFTIG UND LASSEN SIE LIDA LOS!
!
NA, WENN DAS KEINE STÜRMISCHE UMARMUNG WAR! DU WIRST IMMER BESSER, ANTON!
35

ICH KOMME LANGSAM IN ÜBUNG...
DANN SOLLTEST DU MAL RASCH AUFSTEHEN!
BITTE NACH DIR! DU SITZT AUF MEINEM BEIN!... WAS MACHT DER KERL?
DER IST WEG. SOLL ER DOCH... ICH BIN FROH, DASS WIR ES HEIL ÜBERSTANDEN HABEN! WIR SOLLTEN...
ANTON?! WO WILLST DU HIN?!
ICH WILL MICH NOCH SCHNELL VERABSCHIEDEN!
ICH SEHE IHN NIRGENDS... ER WIRD EINEN SCHÖNEN VORSPRUNG HABEN...
VERFLIXT, HIER GEHEN SPUREN IN ALLE RICHTUNGEN! SOLL ICH NUN LINKS ODER RECHTS WEITERLAUFEN!?
ÖCHÖ...CHRRÖ!
KCHÖÖ! KCHRRRR! CHRÖÖ!
ÖCHHÖ! ÖCHÖCHRR! CHRRR!
HE! BLEIBEN SIE STEHEN, MANN!
ÖCHÖRR!
FÜR IHRE LUNGE IST ES AUCH BESSER, WENN SIE NICHT WEITERLAUFEN!
CHRR! ÖCHRR!
ABWARTEN! ÖCHÖ!
CRRACK
36

LIEBER GOTT, MACHEN DIE DEN FRIEDHOF PLATT, ODER WAS?!
KRACK!
BOMM!
AH!
CHRR!
GLAUBST DU, DER GIBT AUF?... SCHNELL, REISS DIE RIEMEN VON DEINER TASCHE! WIR MÜSSEN IHN FESSELN!
BIST DU VERRÜCKT?! LIEBER SUCHE ICH NACH DEINER TASCHE!
LASS MEINE HAND LOS! DAS TUT WEH! ÖCHÖ! CHRRÖ!
WAS HABEN WIR DENN DA? DIESE UHR SIEHT DOCH GENAUSO AUS WIE MEINE! WIR HABEN DENSELBEN GESCHMACK... ICH WETTE, DU HAST AUCH EINE BRIEF-TASCHE UND HAUSSCHLÜSSEL, DIE ICH SCHON MAL GESEHEN HABE!
DEINE TASCHE! VON DER KANNST DU DIE RIEMEN ABREISSEN!
OKAY. DANKE.
WARUM HABE ICH DAS NICHT SCHON GESTERN GESEHEN? EINE GANZ BILLIGE IMITATION EINER WALTER P 38...
SEIEN SIE FROH, DASS ES NUR EINE NACHBILDUNG IST!... ABER WAS MACHT DAS JETZT ÜBERHAUPT NOCH AUS?...
ICH FINDE, WIR SOLLTEN MAL NACH-SEHEN, MIT WEM WIR ES ZU TUN HABEN!
HM, DER HAT AUCH SCHON MAL BESSERE TAGE GESEHEN!...
LIDA! HAB NACHSICHT MIT DEN BESIEGTEN! UND GIB IHM DIE MÜTZE WIEDER! ES IST KALT GENUG!
WO WILLST DU DENN HIN, ANTON? DA DRÜBEN IST DER AUSGANG!
ICH WEISS. ABER ICH MÖCHTE GERN IN RUHE MIT UNSEREM GEFANGENEN REDEN. UND WO GIBT ES MEHR RUHE ALS AN EINEM GRAB? ZUM BEISPIEL AN DEM VON PIOTR FOMITSCH SOMOW, WAS MEIN LIEBER?... AUSSERDEM MUSS ICH MIR DA MEINE BRILLE WIEDER ABHOLEN...
WAS DENN, IHR WART DAS GAR NICHT? DANN SAGE ICH KEIN WORT MEHR! DAS HIER GEHT NUR MICH WAS AN UND NIEMAND SONST!
SO, MEINEN SIE?! ERST BRECHEN SIE IN DIE WOHNUNG UNSERES FREUNDES EIN, UND DANN BEDROHEN SIE UNS MIT EINER WAFFE! UND DAS ALLES SOLL UNS NICHTS ANGEHEN?!
SEIEN SIE VERNÜNFTIG! ERZÄHLEN SIE UNS ALLES! AUCH VON DEM DIEBSTAHL! SONST KÖNNEN SIE DER POLIZEI ERKLÄREN, WAS WEN ETWAS ANGEHT!
37

VON WELCHEM DIEBSTAHL? WAS MEINST DU DAMIT?
DAS WIRST DU GLEICH VON DIESEM HERRN HIER HÖREN!
SCHWÖREN SIE MIR, DASS SIE NICHT DIE POLIZEI RUFEN, WENN ICH REDE!
SCHWÖREN SOLL ICH? GLAUBEN SIE DENN, IN IHRER LAGE KÖNNEN SIE NOCH MIT MIR FEILSCHEN? ICH TUE DAS, WAS ICH FÜR RICHTIG HALTE!
GUT, BRINGEN WIR ES ZU EINEM ENDE...
MOMENT! SETZEN WIR UNS ERST MAL!... ALSO? ICH BIN GANZ OHR!
ALLES BEGANN IM HERBST 1943. DAS INFANTERIE-REGIMENT, IN DEM MEIN VATER WASSILIJ JEGOROWITSCH WIETRUK DIENTE, KÄMPFTE DAMALS IN DIESER GEGEND. EINES TAGES, ALS MAN DIE DEUTSCHEN AUS EINER STELLUNG VERTRIEBEN HATTE, WURDEN MEIN VATER UND ZWEI ANDERE ALS KUNDSCHAFTER AUSGESCHICKT...
... ES HANDELTE SICH UM EINEN GEWISSEN NIKOLAI KRIWTSOW UND UM IHREN FREUND ALEXEJ WORONIN. SIE SOLLTEN NACHSEHEN, OB ES NOCH ÜBERLEBENDE AUF DEM SCHLACHTFELD GAB. MEIN VATER UND KRIWTSOW STANDEN GERADE ALLEIN...
PRÖÖT!
... UND DA HABEN SIE DAS GOLD GEFUNDEN!
GOLD?!
JA, GOLD! BEVOR DU KAMST, HAT ER MICH DANACH GEFRAGT!
GOLD!
KLAPPE, DU IDIOT! SOLL DAS GANZE REGIMENT DICH HÖREN?!
UND WIE VIEL DAS IST!
BESTIMMT FÜNF KILO! NICHT GERECHNET DIE PACKUNG ZIGARETTEN, DIE DER FRITZ BEI SICH HATTE!
HIER, NIMM EINE...
HAHA! DANN WILL ICH DAS MAL ZUSAMMENPACKEN...
ZUSAMMENPACKEN WILLST DU? WOLLEN WIR UNS DAS GOLD DENN NICHT TEILEN, KRIWTSOW?
HÖR MAL, WIETRUK, AUCH WENN DIR DAS NICHT GEFÄLLT... ICH HABE DAS GOLD GEFUNDEN, ALSO BEHALTE ICH ES AUCH! UND ZWAR FÜR MICH ALLEIN!
38

DAS IST UNFAIR! ICH HATTE DIE IDEE, DIE TOTEN NACH ZIGARETTEN ABZUSUCHEN!
UND HITLER HAT DAFÜR GESORGT, DASS WIR HEUTE HIER SIND! SOLL ICH DAS GOLD ETWA AUCH MIT HITLER TEILEN?!
IST DAS DEIN LETZTES WORT?
SOLL ICH'S NOCH MAL WIEDER-HOLEN?
DANN FRISS DOCH DEIN DRECKIGES GOLD...
DRECKIG? SO-LANGE DU ES NICHT ANFASST, BLEIBT ES BLITZBLANK!
UND ERSTICK DARAN!
AM ABEND DARAUF HAT KRIWTSOW MEINEM VATER EINGE-SCHÄRFT, ZU KEINEM ÜBER DEN FUND ZU REDEN...
ES WÜRDE DIR SOWIESO KEINER GLAUBEN. ICH HABE DAS GOLD NÄMLICH NICHT MEHR!
HAST DU SCHON ALLES AUSGEGEBEN?...
ODER VIELLEICHT AN DEINE FRAU GESCHICKT?
!
JETZT HÖR MIR MAL GUT ZU! ICH SAG'S NOCH EIN-MAL: VERGISS DAS GOLD! DAS GEHT DICH NICHTS AN!
MEIN VATER HAT SICH AN DEN RAT GEHALTEN. ER WOLLTE KEINEN ÄRGER. KRIWTSOW IST GEGEN ENDE DES KRIEGES GEFAL-LEN... MEIN VATER HAT MIR DIE GESCHICHTE KURZ VOR SEINEM TOD ERZÄHLT, SO WIE IRGENDEIN KRIEGS-ERLEBNIS. ICH HABE IHR AUCH KEINE BEDEUTUNG BEIGEMESSEN. ERST VOR KURZEM...
... VOR ZWEI JAHREN... DA HABEN DIE ÄRZTE FESTGESTELLT, DASS ICH ES AN DER LUNGE HABE... DAS KAM VON DER EXTRE-MEN LUFTVERSCHMUTZUNG IN DER GEGEND, IN DER ICH LEBE...
WENN ICH GEHEILT WERDEN WOLLTE, MUSSTE ICH IN EIN LAND IM WESTEN REISEN... DIE BEHANDLUNG KOSTET EIN VERMÖGEN. VON MEINEM GEHALT ALS INGENIEUR KÖNNTE ICH SO WAS NICHT BEZAHLEN... UND SELBST WENN ICH DAS GELD AUFBRÄCHTE, SO WÄRE ES FÜR MICH DOCH WERTLOS...*
DA ERINNERTE ICH MICH AN DAS GOLD! DAS WAR MEINE EINZIGE CHANCE! WENN ICH ES WIEDERFÄNDE... ABER WO? ICH VERSUCHTE MICH ZU ERIN-NERN, WAS MIR MEIN VATER ERZÄHLT HATTE. WENN KRIWTSOW NUN SEINER FRAU DAVON GESCHRIEBEN HATTE?
ABER JA! DIE BRIEFE!
* DER RUBEL WAR NICHT KONVERTIERBAR
39

ICH BRAUCHTE VIEL GEDULD, UM DIE ADRESSE VON KRIWTSOWS FRAU RAUSZUKRIEGEN. ES WAR EINE LENINGRADER ADRESSE. ICH FLOG HIN...
LEIDER WAR DIE FRAU SCHON SEIT VIELEN JAHREN TOT. ICH TRAF LEDIGLICH IHRE ADOPTIVTOCHTER AN, DER ICH MICH ALS DREHBUCHAUTOR VORSTELLTE...
ICH SUCHE DOKUMENTE ÜBER DEN GROSSEN VATERLÄNDISCHEN KRIEG. MEIN VATER HAT MIR OFT VON NIKOLAI KRIWTSOW UND SEINEN HELDENTATEN ERZÄHLT. WÄRE ES VIELLEICHT MÖGLICH, EINEN BLICK IN SEINE FELDPOST VON DAMALS ZU WERFEN?...
WAS FÜR EIN ZUFALL!
VOR KNAPP EINEM JAHR HAT MICH EIN SCHRIFTSTELLER AUS MOSKAU AUFGESUCHT. DER WOLLTE DASSELBE. ER WAR MIT NIKOLAI KRIWTSOW IN DERSELBEN EINHEIT. ICH HABE IHM ALLE BRIEFE MITGEGEBEN!
DAS IST ABER DUMM! ÄH... UND WANN BEKOMMEN SIE SIE WIEDER ZURÜCK?
NICHT SO BALD! MEIN MANN UND ICH REISEN ÜBERMORGEN INS AUSLAND. FÜR WENIGSTENS DREI JAHRE! ABER WENN SIE MÖCHTEN, KANN ICH IHNEN DIE ADRESSE DIESES SCHRIFTSTELLERS GEBEN!
DAS WÄRE SEHR NETT!
ALEXEJ IWANOWITSCH WORONIN... UNGLAUBLICH! MEIN VATER SAGTE, DER WAR DAMALS AUCH MIT DABEI!
ICH KEHRTE MIT LEEREN HÄNDEN AUS LENINGRAD NACH HAUSE ZURÜCK... DAS BRACHTE MICH SO AUS DER FASSUNG, DASS ICH MEINE ARBEIT UND MEINE FRAU VERNACHLÄSSIGTE. SIE HAT MICH DANN BALD VERLASSEN... RRAAH!... SCHLIESSLICH ENTSCHLOSS ICH MICH, VON MEINEM LETZTEN GELD NACH MOSKAU ZU FAHREN. DOCH DA VERSCHLECHTERTE SICH MEIN GESUNDHEITSZUSTAND...
UUUIIIIUUUIIIIUUUIIIIUUUU
03
СКОРАЯ МЕДИЦИНСКАЯ ПОМОЩЬ
ICH KAM MEHRFACH INS KRANKENHAUS. MEINE REISEPLÄNE MUSSTE ICH IMMER WIEDER VERSCHIEBEN. ENDLICH SCHAFFTE ICH ES DOCH NOCH, NACH MOSKAU ZU FAHREN...
SIE GESTATTEN, DASS ICH ZWISCHENDURCH SCHON MAL IHRE TASCHEN DURCHSUCHE? REDEN SIE NUR WEITER!...
ICH GING GERADEWEGS ZU WORONIN. DA HABE ICH DANN EINEN GROSSEN FEHLER GEMACHT. ICH NAHM AN, DASS ER ÜBER DAS GOLD BESCHEID WUSSTE. ALSO SCHLUG ICH IHM VOR, ES MIT MIR ZU TEILEN. ICH MERKTE ZU SPÄT, DASS DER ALTE KEINE AHNUNG HATTE, WOVON ICH REDETE... WORONIN HATTE VON KRIWTSOWS FUND DAMALS NICHTS MITBEKOMMEN...
NIMMST DU DAS MAL, LIDA?... ER HAT EINE HALBE APOTHEKE IN DER TASCHE!... WEISST DU, WOFÜR DAS ZEUG IST?
40

ICH HABE WORONIN GEBETEN, MIR DIE BRIEFE ZU ZEIGEN...
GEBETEN! DAS IST EINE SEHR FREIE UMSCHREIBUNG DESSEN, WAS SIE GETAN HABEN!... DEN REST KENNEN WIR... HABEN SIE WORONIN DAS TELEGRAMM GESCHICKT, SEINE SCHWESTER SEI KRANK?
NEIN, ICH HABE ZUFÄLLIG DAVON GEHÖRT, ALS ICH WIEDER ZU IHM WOLLTE UND GERADE DAS TREPPENHAUS HOCHGING...
JA, LIDA. ICH FAHRE BESSER SOFORT! ICH WEISS NICHT, WIE LANGE ICH WEGBLEIBE... DREI TAGE BESTIMMT...
SCHÖN FÜR SIE! DA KONNTEN SIE SICH IN SEINER WOHNUNG UMSEHEN, OHNE DASS SIE JEMAND STÖRTE!
HM... DAS ETIKETT IST VÖLLIG VERWISCHT...
ABER ICH HABE NICHTS GEFUNDEN! ALS ICH GERADE GEHEN WOLLTE, HÖRTE ICH EUCH BEIDE MITEINANDER REDEN...
... UND NUN WUSSTE ICH, WO DIE BRIEFE WAREN!
WAS HABEN SIE MIT MEINER BRIEFTASCHE UND MEINEN SCHLÜSSELN GEMACHT?
WEGGEWORFEN! GLAUBEN SIE, ICH TRAGE SOLCHE BEWEISE MIT MIR RUM?
NA, GROSSARTIG! DAS GELD HABEN SIE ABER NICHT WEGGEWORFEN?!
WARUM SOLLTE ICH?
DAS HIER IST EIN BETÄUBUNGSMITTEL, NICHT?
JA... ICH KANN IN LETZTER ZEIT SCHLECHT EINSCHLAFEN...
BETÄUBUNGSMITTEL?! ZEIG MAL HER!
DAS HAT MICH IM BAHNHOF UMGEHAUEN! WIE HABEN SIE DAS GESCHAFFT?
DAS WAR REINER ZUFALL... ICH HABE GESEHEN, WIE SIE SICH EINE FAHRKARTE KAUFTEN... DANN HABEN SIE IN DEM IMBISS WAS GEGESSEN. UND ICH HABE MEINE CHANCE GENUTZT...
HE!? SCHLAFEN SIE, ODER WAS?... SIE SIND DRAN!
SIE KANNTEN MICH JA NICHT, ALSO KONNTE ICH MICH IHNEN RUHIG NÄHERN. ICH HAB DAS BETÄUBUNGSMITTEL IN MEINEN KAFFEE GETAN UND DANN AUF EINE GÜNSTIGE GELEGENHEIT GEWARTET, DIE TASSEN ZU VERTAUSCHEN... DIE PUTZFRAU HAT SIE ABGELENKT...
EIN HOCH AUF DIE REINLICHKEIT!
ALS SIE VOR DEM BAHNHOF OHNMÄCHTIG GEWORDEN SIND, WAR ICH ZUR STELLE...

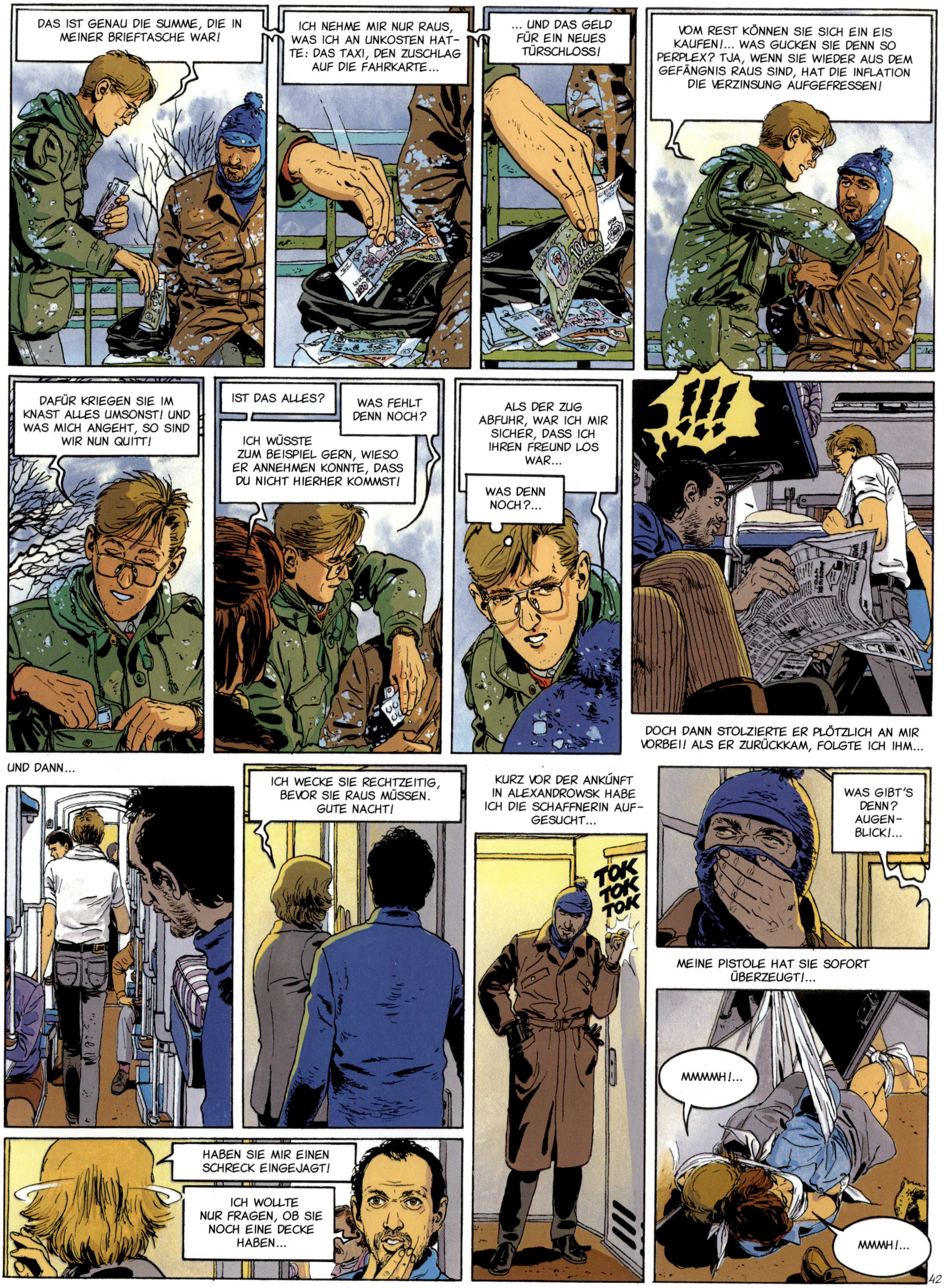
DAS IST GENAU DIE SUMME, DIE IN MEINER BRIEFTASCHE WAR!
ICH NEHME MIR NUR RAUS, WAS ICH AN UNKOSTEN HATTE: DAS TAXI, DEN ZUSCHLAG AUF DIE FAHRKARTE...
... UND DAS GELD FÜR EIN NEUES TÜRSCHLOSS!
VOM REST KÖNNEN SIE SICH EIN EIS KAUFEN!... WAS GUCKEN SIE DENN SO PERPLEX? TJA, WENN SIE WIEDER AUS DEM GEFÄNGNIS RAUS SIND, HAT DIE INFLATION DIE VERZINSUNG AUFGEFRESSEN!
DAFÜR KRIEGEN SIE IM KNAST ALLES UMSONST! UND WAS MICH ANGEHT, SO SIND WIR NUN QUITT!
IST DAS ALLES?
WAS FEHLT DENN NOCH?
ICH WÜSSTE ZUM BEISPIEL GERN, WIESO ER ANNEHMEN KONNTE, DASS DU NICHT HIERHER KOMMST!
ALS DER ZUG ABFUHR, WAR ICH MIR SICHER, DASS ICH IHREN FREUND LOS WAR...
WAS DENN NOCH?...
!!!
DOCH DANN STOLZIERTE ER PLÖTZLICH AN MIR VORBEI! ALS ER ZURÜCKKAM, FOLGTE ICH IHM...
UND DANN...
ICH WECKE SIE RECHTZEITIG, BEVOR SIE RAUS MÜSSEN. GUTE NACHT!
HABEN SIE MIR EINEN SCHRECK EINGEJAGT!
ICH WOLLTE NUR FRAGEN, OB SIE NOCH EINE DECKE HABEN...
KURZ VOR DER ANKUNFT IN ALEXANDROWSK HABE ICH DIE SCHAFFNERIN AUFGESUCHT...
TOK TOK TOK
WAS GIBT'S DENN? AUGENBLICK!...
MEINE PISTOLE HAT SIE SOFORT ÜBERZEUGT!...
MMMMH!...
MMMH!...
42

DANN SIND SIE SEELENRUHIG AUSGESTIEGEN, UND ICH... ES WÄRE IHRE SCHULD GEWESEN, WENN ICH BEIM ABSPRINGEN...
ICH WOLLTE SIE NUR LOSWERDEN! WAS IST DENN PASSIERT?
GANZ EINFACH! ICH WÄRE BEINAHE AN EINEM BETONPFAHL GELANDET!
DAS TUT MIR LEID! ICH MEINE DAS IM ERNST!
OKAY, VERGESSEN WIR'S... SAGEN SIE MIR LIEBER, WIE SIE DIESEN ORANG-UTAN VON SOMOW ZUM REDEN GEBRACHT HABEN!
ER WOLLTE WAS ZU TRINKEN, UND ICH HATTE EINE FLASCHE WODKA DABEI. ICH HATTE SIE GEKAUFT, WEIL ICH MIR SCHON DACHTE, DASS ICH HIER DAMIT LEICHTER BEZAHLEN KONNTE ALS MIT GELD. SOMOW HAT MIR GESTANDEN, DASS SEIN URGROSSVATER LÄNGST AUF DEM FRIEDHOF LIEGT...
SMACK
ICH BIN SOFORT LOS. JETZT VERSTAND ICH DEN SATZ AUS DEM BRIEF: "GANZ OBEN... DORF PROSCHKOWO, DA, WO PIOTR FOMITSCH SOMOW WOHNT!"
ICH HABE AM KOPFENDE DES GRABES DEN SCHNEE WEGGESCHAUFELT. ABER DIE ERDE DARUNTER WAR SCHON LOCKER.
WAR ETWA SCHON EINER VOR MIR DA?!...
NICHTS!
IRGEND JEMAND HAT DURCH ZUFALL RAUSGEKRIEGT, DASS ES HIER LIEGT, UND ER HAT SICH GLEICH BEDIENT!... ABER WIE ICH SCHON SAGTE, MIR IST DAS INZWISCHEN EGAL... BRINGEN SIE MICH RUHIG ZUR POLIZEI, WENN IHNEN DANACH IST!...
PLÖTZLICH HÖRTE ICH JEMANDEN KOMMEN. ICH HABE MICH VERSTECKT... ES WAR IHRE FREUNDIN.
WAS MACHT DIE DENN HIER?!
NA, MÄDCHEN, SUCHST DU HIER VERWANDTE? ODER DEINEN FREUND ANTON? PECH GEHABT, DER KOMMT SO SCHNELL NICHT!
?!
ICH WAR FEST DAVON ÜBERZEUGT, DASS SIE MIR ZUVORGEKOMMEN WAR! ALSO VERSUCHTE ICH AUS IHR RAUSZUKRIEGEN, WO DAS GOLD JETZT WAR... NUN WEISS ICH GAR NICHT MEHR, WAS ICH DENKEN SOLL... EGAL, ICH WERDE ES SOWIESO NIE SEHEN...
43

ANTON, KOMM MAL HER! ICH WILL MIT DIR REDEN!
SIE BLEIBEN SOLANGE RUHIG!
WILLST DU WIRKLICH ZUR POLIZEI?... WAS HAT ER DENN SCHON GROSS GETAN? DAS BRINGT DOCH NICHTS...
ALEXEJ HÄTTE SEINETWEGEN FAST DEN HERZKASPER GEKRIEGT!
?
ALSO, ICH SEHE DAS SO... DAS IST BLOSS EIN ARMES SCHWEIN MIT EINER KAPUTTEN LUNGE, UND ER HAT GETAN, WAS ER KONNTE, UM SEINE HAUT ZU RETTEN...
O NEIN! KOMM MIR NICHT MIT DIESEN AMMENMÄRCHEN! DIE GESCHICHTE VON DER KRANKHEIT HABE ICH IHM NIE GEGLAUBT!
UND WIESO SCHLEPPT ER DANN ALL DIE MEDIKAMENTE MIT SICH RUM? NUR SO ALS ALIBI?
ICH WEISS NICHT...
SCHLUSS JETZT! DER REST IST SACHE DER POLIZEI!
WARTEN SIE, WIETRUK!
?
WAS HABEN SIE DENN JETZT VOR?
NEHMEN SIE DAS, UND HAUEN SIE AB!
ABER... WIESO...
KEIN ABER! LOS! VERSCHWINDEN SIE!
BIST DU NUN ZUFRIEDEN?
DU NICHT?
44

GEHEIMNISVOLLE BRIEFE, EIN BEWAFFNETER UNBEKANNTER, DROGEN IM KAFFEE, VERFOLGUNGSJAGDEN... EIGENTLICH EINE SCHÖNE GESCHICHTE, ABER...
... DIE PISTOLE SCHIESST NICHT MEHR, UND DAS VERSTECK DES SCHATZES IST LEER... WENN ICH DARAN DENKE, WAS ES IN DIESEM LAND SONST SO AN GEWALT UND KRIMINALITÄT GIBT, IST DAS HIER FAST EINE KOMÖDIE...
ICH HAB DICH IMMER NOCH NICHT GEFRAGT, WIE DU PLÖTZLICH AN DEN ORT DER HANDLUNG KAMST!
ICH KONNTE DICH DOCH NICHT ALLEIN FAHREN LASSEN!... SCHLIESSLICH HABE ICH WIETRUK GESEHEN, ALS ER SEINE FAHRKARTE KAUFTE. ICH BIN IHM GEFOLGT... UND GENAU WIE DU BIN ICH HIER GELANDET!...
LEIDER KAMST DU VIEL SPÄTER, ALS ICH DACHTE...
UND DAMIT WAREN DIE ROLLEN VERTAUSCHT! JETZT MUSSTE ICH DICH VOR DEM BÖSEN VERBRECHER RETTEN!
SPIEL NICHT DEN HELDEN! WENN ICH DIR NICHT WAS ZUM FESSELN GEBRACHT HÄTTE, WÜRDEST DU IMMER NOCH AUF DEM KERL SITZEN!
STIMMT! ICH BIN DIR EWIG DANKBAR!
UND? WAS TUT MAN DA?
ÄH... NUN... VIELLEICHT...
HALT! DAS GOLD! WER HAT DAS GOLD?
ICH GLAUBE, DU MACHST DAS ABSICHTLICH!
AUA!
LIDA! WAS SOLL DENN DAS?!
PASS AUF, MEINE BRILLE! HÖR AUF, BITTE! ICH REDE AUCH NICHT MEHR VON DER SACHE!
AUA!
DER BAHNHOF! ENDLICH KRIEGE ICH WAS ZU ESSEN! DER MAGEN HÄNGT MIR SCHON IN DEN KNIEKEHLEN!
DA, ANTON! DER HAT DAS GOLD!
?
45

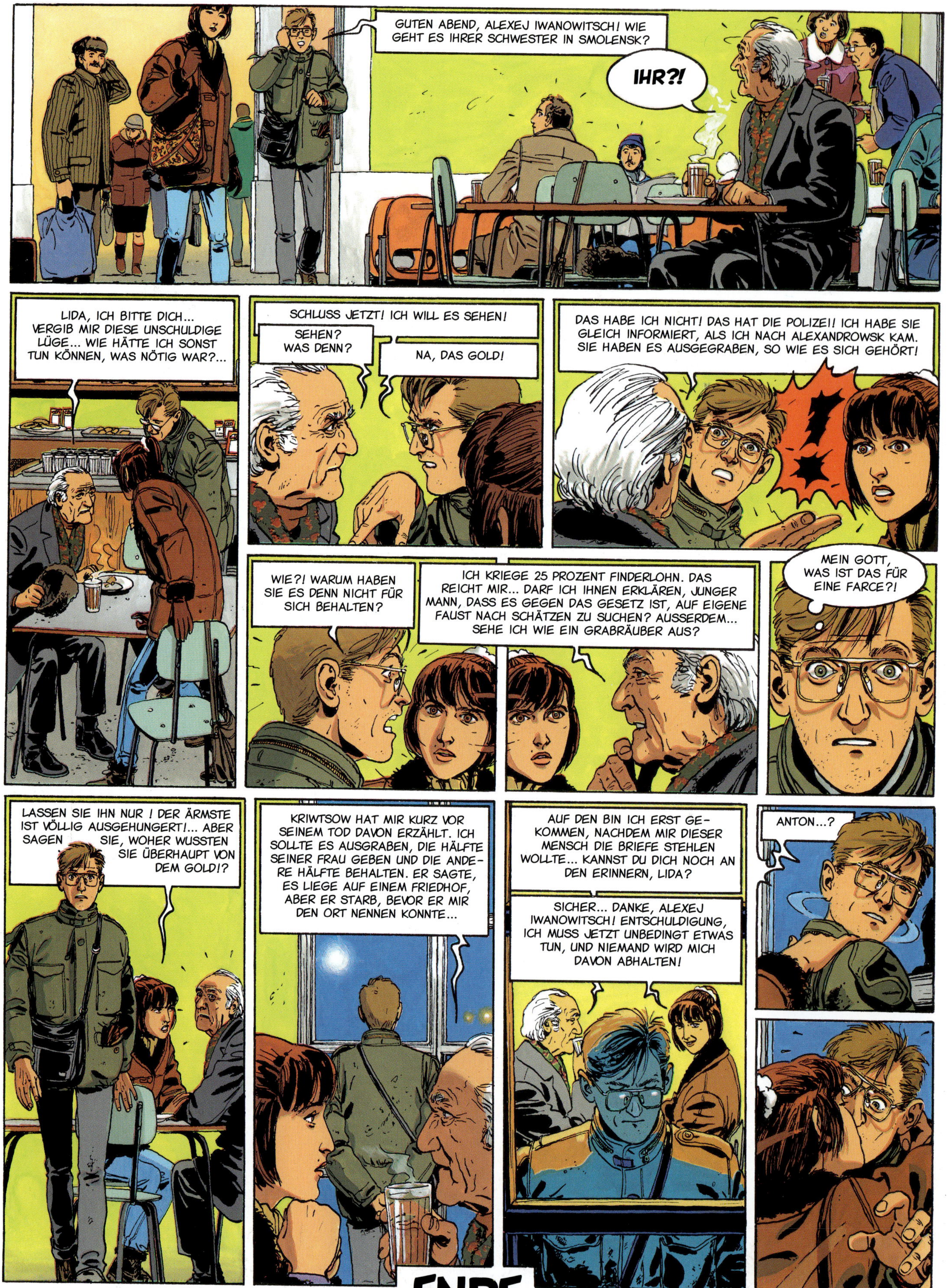

I. Jigounov **ENDE** 1993-94